집에서 만드는 최고의
이탈리아 요리

Chef Ropia

WILLSTYLE

Chef Ropia
파스타&메인 담당

〈리스토란테 플로리아〉의 오너 셰프. 주방을 도맡아 관리하는 팀의 리더. 남성적이고 카리스마 있지만 약간 엉뚱발랄한 면도 있다. 남성 팬이 많다.

캡
직원 식사 담당

이와테현에서 셰프의 꿈을 안고 찾아 온 기대되는 젊은이. 조리 보조를 도맡아 해주는 숨은 조력자. 유튜브 영상의 '직원 식사 시리즈'에서도 인기. 연상에게 사랑받고 있다.

325 (사츠코)
디저트&촬영 담당

셰프의 좋은 아내로 영상 촬영의 대부분을 담당. 화면을 통해 셰프와 주고받는 만담 같은 대화가 인기를 얻고 있다. 부드러운 성격이지만 생각한 것은 확실하게 밀어붙이는 타입.

마츠코
홀&디저트 담당

셰프 여동생의 소꿉친구. 불쑥 찾아와서 면접을 보고 즉시 채용된 뛰어난 인재. 겉모습은 연약해 보이지만 의외로 배짱이 좋다. 웃는 얼굴로 손님을 대하는 것을 신조로 삼고 있다.

시작하며

처음 뵙겠습니다. 저는 나가노에 있는 이탈리아 요리점 〈리스토란테 플로리아〉(Ristorante Floria)의 오너 셰프인 고바야시 아키후미라고 합니다. 요리의 즐거움을 많은 분들에게 알리고 싶어서 5년쯤 전부터 유튜브의 〈Chef Ropia〉 요리 채널을 운영하고 있습니다.

이 레시피북은 여러분이 이탈리아 요리를 좀 더 친근하게 느낄 수 있기를 바라는 마음으로 만들었습니다. 요리를 시작하기 전부터 벽을 느끼는 분이 적지 않겠지만 몇 가지 포인트만 익힌다면 어느 정도 엇비슷하게만 따라 해도 맛있게 만들 수 있는 것이 이탈리아 요리의 매력이거든요.

각 레시피마다 필수적인 포인트는 3가지. 예를 들어 '소금, 유화, 불&물 조절'이라는 포인트를 파악해두면 요리는 깜짝 놀랄 만큼 맛있어집니다.

그리고 요리는 작은 경험이 쌓이는 것도 중요합니다. 여러 번 반복해서 만들어봐야 맛있어집니다. 그렇게 반복하다 보면 분량과 순서 등 자신만의 취향이 반드시 생기기 때문에 그때마다 계속 책에 메모하거나 수정하면서 나만의 레시피북을 만들어보세요.

만들면 만들수록 맛있어지고 누군가를 기쁘게 해줄 수 있는 이탈리아 요리를 이제 함께 즐겨봅시다.

Contents

시작하며 ·· 005
이 책에서 사용한 도구 ·· 008
이 책에서 사용한 조미료 ·· 010
이 책에서 사용한 허브, 향신료, 재료 ······················ 011
이 책에서 사용한 파스타 ·· 012
이 책을 사용하는 법 ·· 013

Chapter 1
파스타

토마토소스 ·· 016
바질 토마토스파게티 ·· 018
펜네 아라비아타 ·· 020
아마트리치아나 부카티니 ·· 022
볼로네즈소스 ·· 024
볼로네즈 페투치네 ·· 026
제노베제소스 ·· 028
제노베제 링귀네 ·· 030
알리오 올리오 페페론치노 ·· 032
봉골레 비안코 ·· 034
까르보나라 리가토니 ·· 036
카펠리니 냉파스타 ·· 038
고르곤졸라 크림스파게티 ·· 040
버섯 크림뇨키 ·· 042

Chapter 2
전채 요리

해산물 아히요 ·· 046
구운 토마토 카프레제 ·· 048
바냐 카우다 ·· 050
오징어 프리토 ·· 052
토마토&아보카도 브루스케타와 양파 포타주 ········ 054
프리타타 ·· 056
가지 카포나타 ·· 058
농어 카르파초 ·· 060
이탈리아 감자샐러드 ·· 062

Chapter 3
메인 요리

- 치킨소테 ········· 066
- 닭다리살 카차토레 ········· 068
- 밀라노스타일 커틀렛 ········· 070
- 돼지고기 목살 피자이올라 ········· 072
- 흰살생선구이와 켓카소스 ········· 074
- 비프스테이크 ········· 076

Chapter 4
단품 요리

- 오무라이스 ········· 080
- 이탈리아 볶음밥 ········· 082
- 닭튀김 ········· 084
- 치킨마요 파스타 ········· 086
- 햄버거스테이크 ········· 088
- 화이트소스 리조토 ········· 090
- 프렌치토스트 ········· 092

Chapter 5
디저트

- 티라미수 ········· 096
- 비스코티 ········· 098
- 세미프레도 ········· 100

Column 01
동영상이 인생을 바꿨다 ········· 044

Column 02
셰프가 된 계기와 수련 시절 ········· 064

Column 03
Ropia의 유래와 세 분의 은인 ········· 078

Column 04
〈리스토란테 플로리아〉와 멤버들 ········· 094

마치며 ········· 103

이 책에서 사용한 **도구**

도구를 갖추면 조리는 일사천리!
꼭 비싸고 좋은 것이 아니어도 괜찮습니다. 나에게 편하고 잘 맞는 것을 찾아보세요.
미래의 자신에 대한 투자라고 생각하면 좋습니다.

tool

1 알루미늄 프라이팬
가볍고 열전도율이 높아서 단시간에 익습니다. 소스를 만들거나 파스타를 버무릴 때 적합합니다.

2 집게
기본은 식재료를 집을 때 사용하지만 소스를 뒤섞거나 요리를 보기 좋게 담을 때 등 다양한 용도로 쓰입니다.

3 소스팬(대, 소)
깊이가 있어 잘 흘러넘치지 않기 때문에 파스타와 고기·생선 요리에 뿌릴 소스를 만들 때 적합한 프라이팬입니다.

4 무쇠 프라이팬
무겁고 관리가 어려워 보이지만 오래 쓰면 쓸수록 기름이 길들여져서 고온 조리에 적합합니다.

5 뒤집개
프라이팬에서 고기와 생선을 구울 때, 앞뒤를 뒤집거나 조미료를 식재료에 골고루 묻히기 위해서 사용합니다.

6 각종 볼
식재료들을 한데 모으거나 달걀이나 생크림 등을 섞을 때 사용합니다. 크기별로 가지고 있으면 편리합니다.

7 알루미늄 밧드
뜨거운 식재료를 올려서 냉장고에서 식히거나, 튀김옷을 입힐 때, 식재료에 소금을 뿌릴 때 사용합니다.

8 국자
둥글고 바닥이 깊은 것이 특징으로 스프 등을 접시에 담을 때 사용합니다.

9 옆국자
따르는 부분이 옆에 있어서 작은 접시에 보기 좋게 담을 수 있습니다. 계량선이 있는 것도 있습니다.

13 주방 타이머
조리에서 중요한 것은 시간 관리입니다. 파스타 삶는 시간은 물론, 식재료를 너무 익혀서 딱딱해지는 일이 없도록 도와줍니다.

10 거품기
생크림, 달걀흰자, 드레싱 등을 볼에서 섞을 때 사용합니다.

11 그레이터
치즈와 생강 등을 잘게 갈 때 쓰는 강판입니다. 레몬 등의 껍질을 긁어내서 향과 풍미를 더할 때 사용하기도 합니다.

12 고무주걱
점도가 있는 소스나 밀가루 등을 휘저어 섞을 때 씁니다. 휘어지는 재질이라 볼 가장자리를 따라 재료를 깨끗이 긁어서 정리할 때도 유용합니다.

14 보관용기
유리병 용기. 소스를 만들어서 냉장고에 보관해두면 요리 시간이 단축됩니다.

seasoning

이 책에서 사용한 조미료

조미료를 갖추면 요리에 대한 의욕도 상승하기 마련. 같은 조미료라도 산지와 상표에 따라 맛은 완전히 달라집니다. 소금, 올리브유를 시작으로 조금씩 모아보세요.

1 올리브유
이탈리아 요리의 기본 재료 중 하나. 종류와 상표에 따라서 맛이 크게 달라지므로 용도에 따라서 다르게 사용합니다.

2 홀그레인머스타드

3 안초비
염장한 멸치를 오일에 담근 것. 농후한 감칠맛과 강한 소금기가 있어서 요리 맛의 베이스가 됩니다.

4 소금
5 설탕
6 흑후추
7 레드와인
8 화이트와인

9 화이트와인식초
깔끔하고 상쾌한 맛이어서 샐러드나 마리네 등에 적합합니다. 아주 약간 사용해서 요리의 맛을 살려주는 역할도 합니다.

10 백후추
11 우유
12 맛술
13 꿀
14 마요네즈
15 생크림
16 버터
17 소스
18 케첩

— herbs, spices, material —

이 책에서 사용한
허브, 향신료, 재료

이탈리아 요리의 기본은 신선한 재료를 어떤 방법으로 맛있게 만들지, 또 기름으로 재료의 맛을 꼼꼼하게 끌어낼 수 있는지가 승패를 좌우합니다. 물론 치즈도 빼놓을 수 없지요.

1 이탈리안파슬리
2 바질
3 처빌
4 로즈마리
5 오레가노

소재의 신선도가 중요한 이탈리아 요리에 빼놓을 수 없는 것이 허브와 향신료. 요리의 맛을 북돋워주는 역할을 합니다.

6 레몬
7 마늘
8 월계수잎
9 페페론치노(홍고추)

10 판체타
염장한 삼겹살을 숙성시킨 것으로 감칠맛의 보고. 이것을 훈제하면 베이컨이 됩니다. 베이컨보다 담백한 맛이 특징입니다.
(국내 제품으로는 'CJ 더건강한 이탈리안 통베이컨'이 있습니다. 구하기 어려우면 일반 통베이컨을 사용해도 좋습니다.)

11 파르메산치즈
12 슈레드치즈
13 모차렐라치즈
14 블랙올리브
15 케이퍼
16 고르곤졸라치즈
17 박력분
18 토마토 캔

이 책에서 사용한 **파스타**

파스타는 밀가루를 반죽해서 만든 식품의 총칭. 이탈리아에는 무려 1,000개 이상의 종류가 있다고 합니다. 파스타의 개성을 알면 이탈리아 요리를 좀 더 즐길 수 있습니다.

1 스파게티니 Spaghettini
모든 파스타의 기본이 되는 건면. 굵기에 따라서 맛이 달라지기 때문에 요리에 어울리는 종류로 적절하게 사용합니다.

2 링귀네 Linguine
타원형의 단면으로 탄력이 있어 쫄깃쫄깃한 식감이 있습니다. 소스가 잘 배어듭니다.

3 부카티니 Bucatini
스파게티니보다 약간 굵으며 중심부에 구멍이 뚫려 있는 것이 특징으로 포만감이 있습니다.

4 카펠리니 Capellini
파스타 중에서도 특히 가느다란 종류를 가리킵니다. 금방 불기 때문에 차가운 요리에 사용되는 경우가 많습니다.

5 리가토니 Rigatoni
중심에 큰 구멍이 뚫려 있고 표면에는 선 모양이 나 있어 소스가 잘 배어듭니다.

6 펜네 Penne
'펜촉'을 의미하는 이름으로, 구멍이 뚫린 짧은 파스타. 마카로니와 혼동되는 경우도 있지만 별개로 취급됩니다.

7 뇨키 Gnocchi
쫄깃쫄깃한 식감을 즐길 수 있는, 감자와 밀가루를 섞은 경단 모양의 파스타입니다.

8 페투치네 Fettuccine
다발로 느슨하게 돌돌 묶어놓은 납작한 파스타로 걸쭉한 소스와 잘 어울립니다.

이 책을 사용하는 법

① **레시피명**

② **포인트** : 기억해야 할 조리 포인트와 레시피에 관련된 간단한 메모가 있습니다.

③ **타임라인 ①** : 요리가 완성될 때까지의 과정을 시간별로 시각화했습니다.

④ **타임라인 ②** : 지금, 어느 단계에 있는지를 간단하게 알 수 있습니다.

⑤ **재료 아이콘** : '소금', '면수(면 삶은 물)', '치즈'를 그림으로 알기 쉽게 표시했습니다.
소금 아이콘은 간을 맞추기 위한 용도가 아니라 재료의 수분을 끌어내기 위해 쓰인 경우입니다.

⑥ **체크 포인트** : 프로 셰프가 알려주는 포인트를 주의해서 요리하면 맛이 보장됩니다!

이 책의 레시피에서 주의할 것

- 재료는 2인분을 기준으로 하였습니다.
- 1큰술=15ml, 1작은술=5ml, 1컵=200ml입니다.
- 조리 과정 중 재료의 수분이 빠져나오게 하여 맛을 끌어내는 용도로 소금을 사용합니다. 일반 소금을 사용하면 되고, 분량은 한 자밤을 기준으로 해주세요.
- '한 자밤'은 엄지와 검지, 중지의 세 손가락 끝으로 집은 정도의 분량입니다. 1/5~1/4작은술 정도입니다.
- 면을 삶을 때 소금을 정확하게 계량해서 넣으면 맛있게 완성됩니다. 면수의 염분 농도는 1~1.5%를 기준으로 해주세요. 1.5%의 농도는 물 1L에 소금 15g의 비율을 말합니다.
- 물로 씻어내고 껍질을 벗기고 꼭지를 따고 모래를 터는 등의 밑준비는 생략했습니다.
- 파르메산치즈는 치즈가루를 사용해도 됩니다.
- 특별히 제시되지 않은 경우, 불 세기는 '중불'입니다.
- 냉장고에 들어 있던 고기 등은 잠깐 상온에 두었다가 사용하세요.
- 튀김유의 170도 기준은 물기 없는 튀김용 젓가락 끝을 기름 속에 넣었을 때 거품이 천천히 올라오는 상태입니다.
- 프라이팬은 테플론 가공된 것을 사용하면 실패가 적어집니다.
- 요리는 만들어서 바로 드세요. 남았을 때는 냉장고에 보관하고 며칠 이내로 재가열해서 드시면 됩니다.
- 튀김유는 식용유 종류를 사용해주세요.
- 레시피에 기준이 되는 분량과 조리 시간을 표기했지만 식재료와 재료의 사이즈, 조리 도구 등에 따라서 차이가 있으므로 상태를 보면서 가감해주세요.

Chapter 1

파스타

Pasta

토마토소스

토마토의 산미를 적당히 남기고 양파의 단맛을 충분히 끌어내면 집에서도 한 단계 업그레이드된 소스를 만들 수 있습니다.

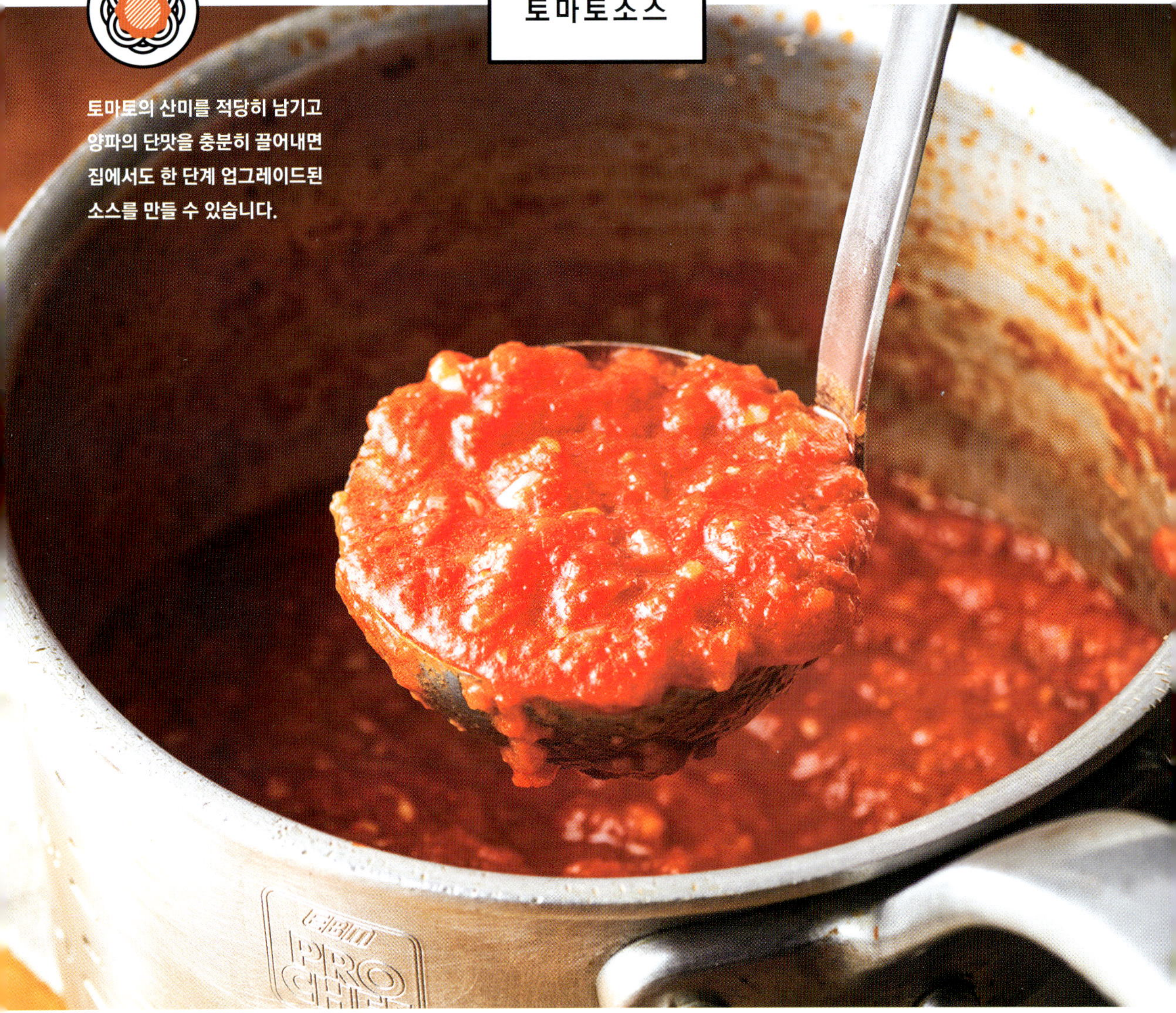

재료(2인분)
- 토마토(캔) ······ 2캔 (800ml)
- 양파(중) ······ 1/2개
- 마늘 ······ 1쪽
- 올리브유 ······ 60ml
- 소금 ······ 적당량
- 월계수잎 ······ 2장

포인트
- 소금으로 감칠맛을 응축시킨다.
- 차가운 상태의 올리브유에 마늘을 넣고 볶는다.
- 양파는 자주 뒤적이지 말고 노릇노릇하게 볶는다.

타임라인
- 0 : 마늘, 양파를 볶는다
- 10 : 토마토를 졸인다
- 20 : 월계수잎과 소금을 넣고 푹 끓인다
- 25 min : 완성!

1 양파, 마늘을 잘게 썬다.

마늘은 기름이 차가울 때 냄비에 넣으세요.

2 냄비에 올리브유와 마늘을 넣어 중불에 올린다. 부글부글 끓기 시작하면 약불로 줄여서 마늘 향이 올리브유에 배어들게 한다.

소금이 수분을 끌어내서 감칠맛이 응축됩니다!

3 마늘 향이 나기 시작하면 양파를 넣고 여기에 소금을 한 자밤 뿌린 다음 중불로 조절한다. 부글부글 끓기 시작하면 약불로 줄이고 천천히 볶는다.

4 양파가 옅은 갈색이 됐으면 토마토 캔을 넣고 강불로 조절한다. 끓어오르면 약불로 줄이고 10분 정도 푹 끓인다.

5 가스불로 살짝 그슬린 월계수잎과 소금(약 1작은술)을 넣고 다시 5분 정도 끓인다.

6 수분이 날아가고 살짝 걸쭉해지면 완성. 용기에 옮겨 담고 냉장고에서 1주일 정도 보관 가능하다.

바질 토마토스파게티

모차렐라의 신선함과 바질의 산뜻함을
동시에 즐길 수 있는 한 접시 요리입니다.
재빨리 익혀 빠르게 완성하는 것이 맛의 비결!

재료 (2인분)
- 스파게티 ··················· 160g
- 토마토소스(P.16 참조) ······ 100ml
- 올리브유 ··················· 50ml
- 모차렐라치즈 ··············· 50g
- 마늘 ······················· 1쪽
- 바질잎 ····················· 5장
- 소금 ············ 적당량

포인트
- 마늘의 향을 끌어낸다.
- 토마토소스의 감칠맛을 살린다.
- 모차렐라치즈를 넣은 후에는 재빨리 버무린다.

타임라인: 0분 파스타를 삶는다 / 마늘을 볶는다 / 3분 소스를 데운다 / 5분 / 7분 소스와 버무린다 / 10min 완성!

1 염분 농도 1.5%(물 1L에 소금 15g의 비율)로 파스타를 삶는다. 포장지에 표기된 시간보다 30초 덜 삶는 것이 기준.

2 프라이팬에 올리브유, 다진 마늘을 넣은 다음 중불에 올린다. 기름이 부글부글 끓기 시작하면 약불로 줄이고 천천히 볶아 마늘의 향을 끌어낸다.

3 **2**에 면수(면 삶은 물) 20ml와 토마토소스를 더한다. 중불로 조절한 다음, 소스가 부글부글 끓기 시작하면 소금으로 간한다. 바질잎 3장을 손으로 찢어서 넣는다.

모차렐라치즈를 넣은 후에는 재빨리 버무려주세요.

4 삶은 파스타의 물기를 뺀 다음, **3**에 넣고 재빨리 버무린다. 남은 바질, 찢은 모차렐라치즈를 넣고 프라이팬을 몇 번 흔들어준다. 맛을 보고 간이 부족하면 소금을 넣는다.

펜네 아라비아타

아라비아타(Arrabbiata)는 '화난'이라는 뜻의 이탈리아어로,
아라비아타소스는 고추의 매운맛을 살린 토마토소스를 말합니다.
펜네는 시간이 지나도 잘 붙지 않기 때문에 많은 손님을 대접할 때 안성맞춤.

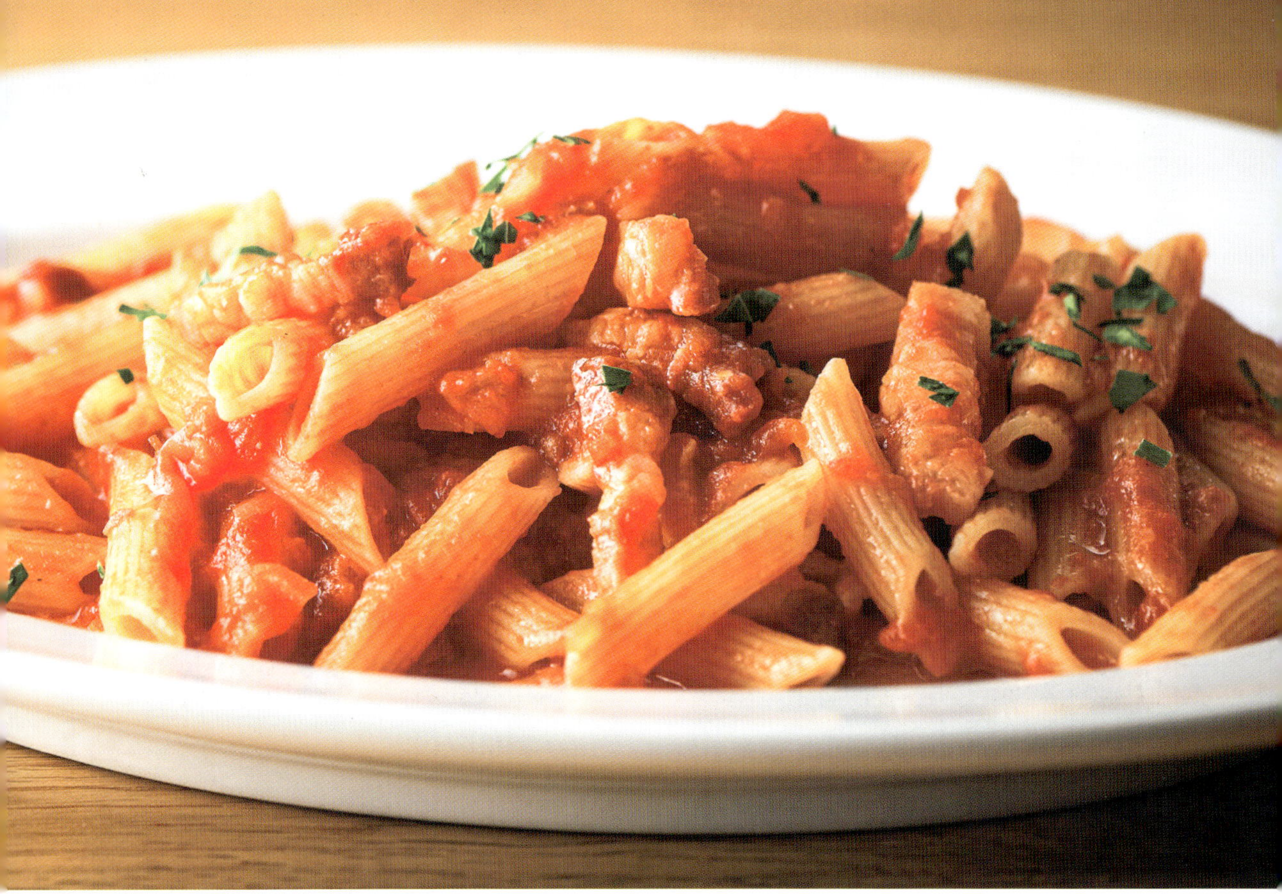

재료 (2인분)
- 펜네(P.12 참조) ········· 160g
- 토마토소스(P.16 참조) ····· 200ml
- 올리브유 ················ 50ml
- 판체타(P.11 참조) ·········· 40g
- 마늘 ···················· 2쪽
- 페페론치노(홍고추) ········· 2개
- 소금 ················· 적당량
- 이탈리안파슬리 ······· 적당량

포인트
- 차가운 상태의 올리브유에 마늘을 넣고 볶는다.
- 판체타를 천천히 볶아서 감칠맛을 끌어낸다.
- 매운맛을 확실하게 살린다.

타임라인
- 0 : 마늘, 판체타를 볶는다
- 5 : 펜네를 삶는다
- 12 : 소스와 버무린다
- 15 min : 완성!

1 프라이팬에 올리브유를 두르고 마늘은 칼을 눕혀서 으깨 싹을 제거해서 넣고 중불에 올린다.

2 기름이 부글부글 끓기 시작하면 폭 1cm로 자른 판체타를 넣고 약불에서 천천히 볶아 감칠맛을 끌어낸다.

강한 매운맛을 원하면 고추씨를 같이 넣으세요.

3 판체타가 바삭해지고 감칠맛이 완전히 우러나왔으면 반으로 자른 고추를 프라이팬에 넣는다. 기름에서 10초 정도 둔 후, 고추를 꺼낸다.

4 펜네를 삶는다. 염분 농도는 1.5%(물 1L에 소금 15g의 비율). 포장지에 표기된 시간보다 30초 덜 삶는 것이 기준.

5 3에 면수(면 삶은 물)를 40ml 정도 넣고 전체를 잘 어우러지게 한 다음, 토마토소스를 넣고 데운다. 끓은 후 보온해둔다.

6 펜네를 다 삶았으면 물기를 뺀 다음, 프라이팬에 넣고 재빨리 버무린다. 맛을 보고 간이 부족하면 소금을 넣는다. 접시에 담고 파슬리를 뿌려서 완성한다.

아마트리치아나 부카티니

'더 이상은 안 되겠어.'라는
생각이 드는 아슬아슬한 순간까지
판체타와 양파를 볶는 것이
이 파스타 요리의 포인트!

재료 (2인분)
- 부카티니(P.12 참조) ······ 160g
- 토마토소스(P.16 참조) ······ 200ml
- 양파 ······ 1/3개
- 판체타(P.11 참조) ······ 40g
- 올리브유 ······ 50ml
- 파르메산치즈 ······ 20g
- 소금 ······ 적당량

포인트
- 판체타의 감칠맛을 끌어낸다.
- 양파가 타기 직전까지 볶는다.
- 치즈가루는 완성 직전에 넣는다.

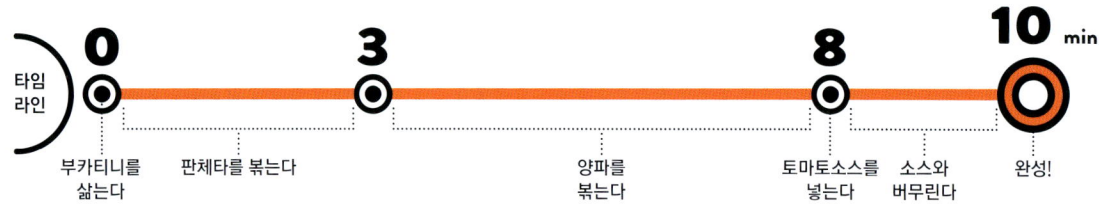

타임라인
- 0분: 부카티니를 삶는다
- 3분: 판체타를 볶는다 / 양파를 볶는다
- 8분: 토마토소스를 넣는다 / 소스와 버무린다
- 10min: 완성!

1 부카티니를 삶는다. 삶는 물의 염분 농도는 1.5%. 삶는 시간은 포장지에 표기된 시간보다 30초 덜 삶는 것이 기준.

2 프라이팬에 올리브유와 폭 1cm로 자른 판체타를 넣고 중불에 올린다. 기름이 전체에 배어들었으면 약불로 줄이고 판체타의 감칠맛을 끌어낸다.

3 다시 중불로 올린 다음, 판체타가 옅은 갈색으로 변했으면 폭 1mm로 슬라이스한 양파를 넣고 소금을 살짝 뿌린 후 볶는다.

양파가 타기 직전까지 익혀주세요.

4 양파를 프라이팬 전체에 펼쳐서 수분이 날아가도록 하면서 완전히 볶는다. 양파 색이 갈색으로 변하면 약불로 줄인 다음, 면수 50ml를 넣고 전체를 어우러지게 한다.

5 토마토소스를 넣고 소금을 살짝 뿌린 후 중불에서 데운다.

치즈는 그릇에 올리기 직전에 넣고 서너 번 흔들어주면 OK.

6 면을 다 삶았으면 체에 건져 물기를 뺀 다음, **5**에 넣고 전체를 재빨리 버무린다. 맛을 보고 간이 부족하면 소금을 넣는다. 파르메산치즈를 넣은 다음, 접시에 보기 좋게 담는다.

볼로네즈소스

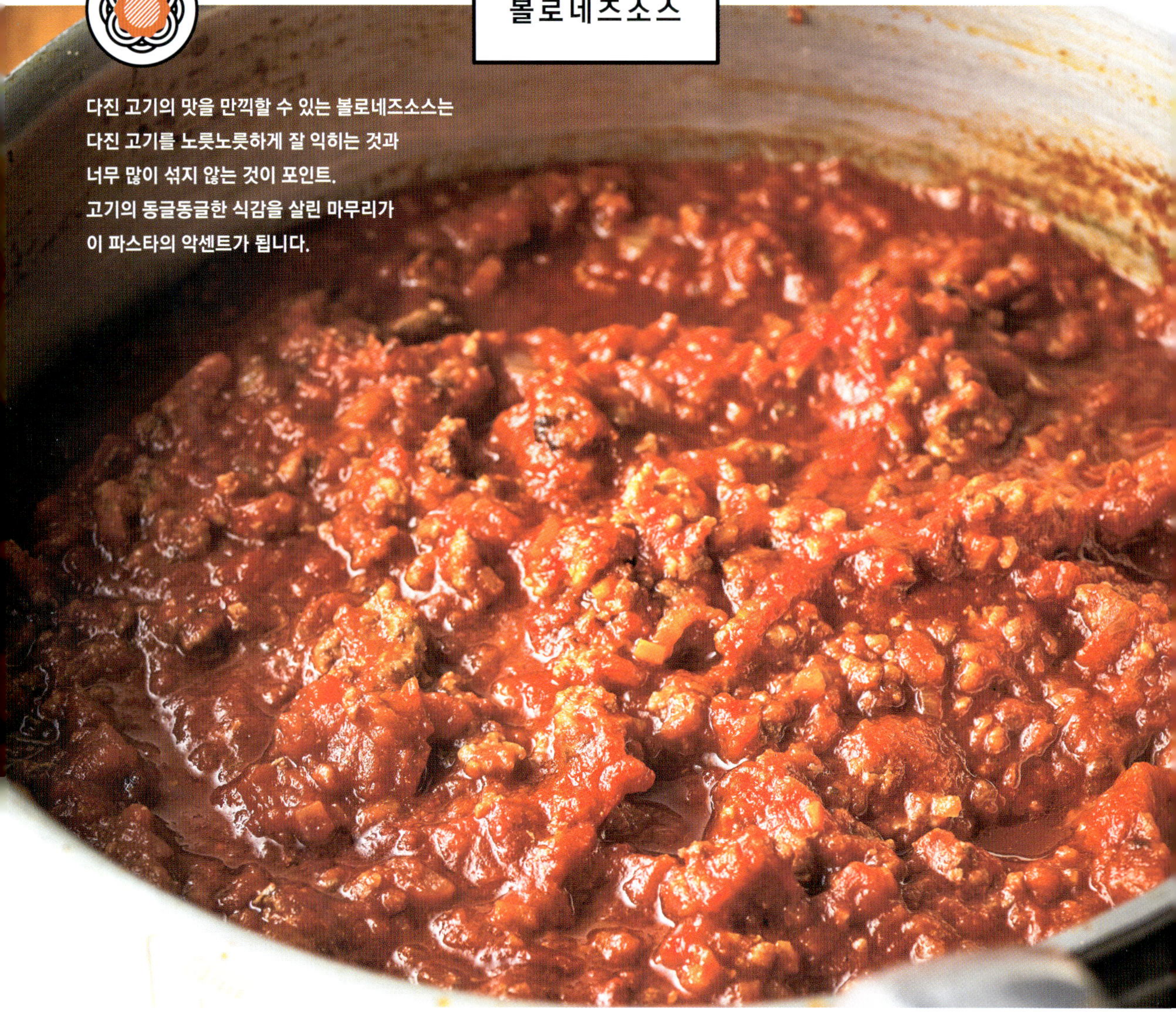

다진 고기의 맛을 만끽할 수 있는 볼로네즈소스는
다진 고기를 노릇노릇하게 잘 익히는 것과
너무 많이 섞지 않는 것이 포인트.
고기의 동글동글한 식감을 살린 마무리가
이 파스타의 악센트가 됩니다.

재료 (2인분)
- 다진 돼지고기(혼합육도 OK) ··· 500g
- 양파 ·················· 1개
- 당근 ·················· 1/2개
- 셀러리 ················ 1대
- 토마토(캔) ············ 2캔(800ml)
- 올리브유 ·············· 80ml
- 레드와인 ·············· 260ml
- 월계수잎 ·············· 2장
- 소금 ·················· 적당량

포인트
- 다진 고기가 노릇노릇해질 때까지 볶는다.
- 너무 섞지 말고 고기의 식감을 남긴다.
- 냄비에 눌어붙어 있는 맛즙을 놓치지 않는다.

타임라인
- 0 : 양파를 볶는다 / 다진 고기를 볶는다
- 15 : 데글레이즈 (팬에 눌어붙어 있는 맛즙에 액체를 부어 국물을 끓여내는 것)
- 20 : 레드와인을 졸인 후, 토마토 캔을 넣고 푹 끓인다
- 35 : 소금을 넣는다
- 40 min : 완성!

1 냄비에 올리브유, 다진 양파, 당근, 셀러리를 넣고 소금을 한 자밤 뿌린 다음 중불에서 볶는다.

> 갈색으로 색이 변하는 것을 '메일라드 반응'이라고 하며 맛이 좋아집니다.

2 프라이팬에 다진 고기를 넣고 햄버거 패티를 굽는 느낌으로 갈색이 될 때까지 강불에서 볶는다.

> 프라이팬에 붙은 맛즙을 남김없이 먹을 수 있도록 '데글레이즈'를 하면 소스가 더욱 맛있어집니다.

3 1의 냄비에 2의 고기를 옮겨 넣고 가볍게 한데 섞어 준다. 비어 있는 2의 프라이팬에 레드와인 60ml를 넣고 중불에서 끓인다. 팬에 눌어붙은 맛즙을 긁어 내서 1의 냄비에 넣는다.

> 탁탁 기름 튀는 소리가 날 때까지 3분 정도 졸이세요.

4 남은 레드와인 200ml를 넣고 강불에서 수분이 없어질 때까지 보글보글 졸인다.

> 월계수잎을 불에 그슬린 다음 넣으면 향이 좋아집니다.

5 토마토 캔과 월계수잎을 넣고 중불에 올린다. 끓으면 약불로 줄이고 10~15분 정도 푹 끓인다.

6 마지막으로 맛을 보면서 소금(약 1작은술)으로 간하고 다시 5분 정도 끓이면 완성.

볼로네즈 페투치네

고기가 듬뿍 들어간 볼로네즈소스에 버섯의 감칠맛을 플러스.
요리 과정이 심플하기 때문에 무한대로 응용할 수 있습니다.

재료 (2인분)
- 페투치네(P.12 참조) ……… 180g
- 볼로네즈소스(P.24 참조) … 200ml
- 올리브유 ……………………… 50ml
- 표고버섯 ………………………… 1개
- 만가닥버섯 ……… 1/3팩(약 33g)
- 마늘 ……………………………… 1쪽
- 파르메산치즈 ………………… 40g
- 소금 …………………………… 적당량
- 이탈리안파슬리 …………… 적당량
- 흑후추 ……………………… 적당량

포인트
- 차가운 상태의 올리브유에 마늘을 넣고 볶는다.
- 버섯은 약불에서 충분히 볶는다.
- 소금으로 버섯의 감칠맛을 응축시킨다.

타임라인
- 0 : 마늘, 버섯을 볶는다
- 8 : 페투치네를 삶는다
- 12 : 볼로네즈소스를 넣고 데운다
- 15 min : 소스와 버무린 다음, 치즈를 넣는다 / 완성!

1 프라이팬에 올리브유, 다진 마늘을 넣고 중불에 올린다. 부글부글 끓으면 약불로 줄인다.

식감을 살리고 싶다면 강불에서 볶습니다.

2 마늘이 옅은 갈색이 됐으면 먹기 좋게 자른 버섯을 넣고 소금을 한 자밤 뿌린 다음, 버섯이 부드러워질 때까지 약불에서 천천히 볶는다.

3 염분 농도 1.5%에서 포장지에 표기된 시간대로 페투치네를 삶는다.

맛을 보고 간이 약간 부족하면 면수 50ml를 넣어주세요.

4 2에 볼로네즈소스를 넣고 약불에서 데우면서 소금으로 간한다.

5 파스타가 다 삶아졌으면 물기를 빼고 소스와 재빨리 버무린 다음, 파르메산치즈를 넣고 전체를 어우러지게 한다. 접시에 보기 좋게 담고, 파슬리와 흑후추를 뿌린다.

Pasta

제노베제소스
(바질페스토)

신선한 바질을 이용해서 빠른 시간 안에 만들면
풍부한 향을 즐길 수 있습니다.

재료 (2인분)
- 바질잎 …………………… 60g
- 안초비 …………………… 4마리
- 올리브유 ………………… 150ml
- 파르메산치즈 …………… 40g
- 마늘 ……………………… 2~3쪽
- 오븐에 구운 혼합 견과류
  (호두, 아몬드, 캐슈넛, 마카다미아 등)
  ……………………………… 30g
- 소금 ……………………… 1작은술

포인트
- 믹서를 차게 해둔다.
- 마늘은 넉넉하게 넣는다.
- 올리브유는 두세 번 나눠서 섞는다.

타임라인: 0 치즈를 간다 — 3 재료를 믹서에 넣는다 — 5 믹서로 잘 섞는다 — 8 올리브유를 나누어 넣는다 / 믹서로 잘 섞는다 — 10 min 완성!

Start!

1 바질잎은 줄기에서 떼어 내고, 마늘은 껍질을 벗기고 싹을 제거한 다음 대충 슬라이스한다. 안초비는 잘게 썬다. 혼합 견과류는 칼로 다지거나 두들겨서 으깨고 소금도 준비한다.

2 파르메산치즈를 간다.

> 조금이라도 열이 가해지면 색감이 안 좋아지므로 냉장고에 넣어 차갑게 해둔 믹서를 사용합니다.

3 믹서에 올리브유를 제외한 모든 재료를 넣는다.

4 올리브유 1/3 분량(50ml)을 넣고 믹서로 섞는다.

> 오일을 한꺼번에 넣으면 섞기 힘들어지므로 두세 번 나눠서 넣으세요.

5 바질이 잘게 갈아지면 남은 오일을 모두 넣고 매끄러워질 때까지 섞는다.

Pasta

제노베제 링귀네

계절에 맞는 잎채소와 제노베제소스를 재빨리 익혀서
제철 채소의 향과 색, 식감을 즐겨보세요.

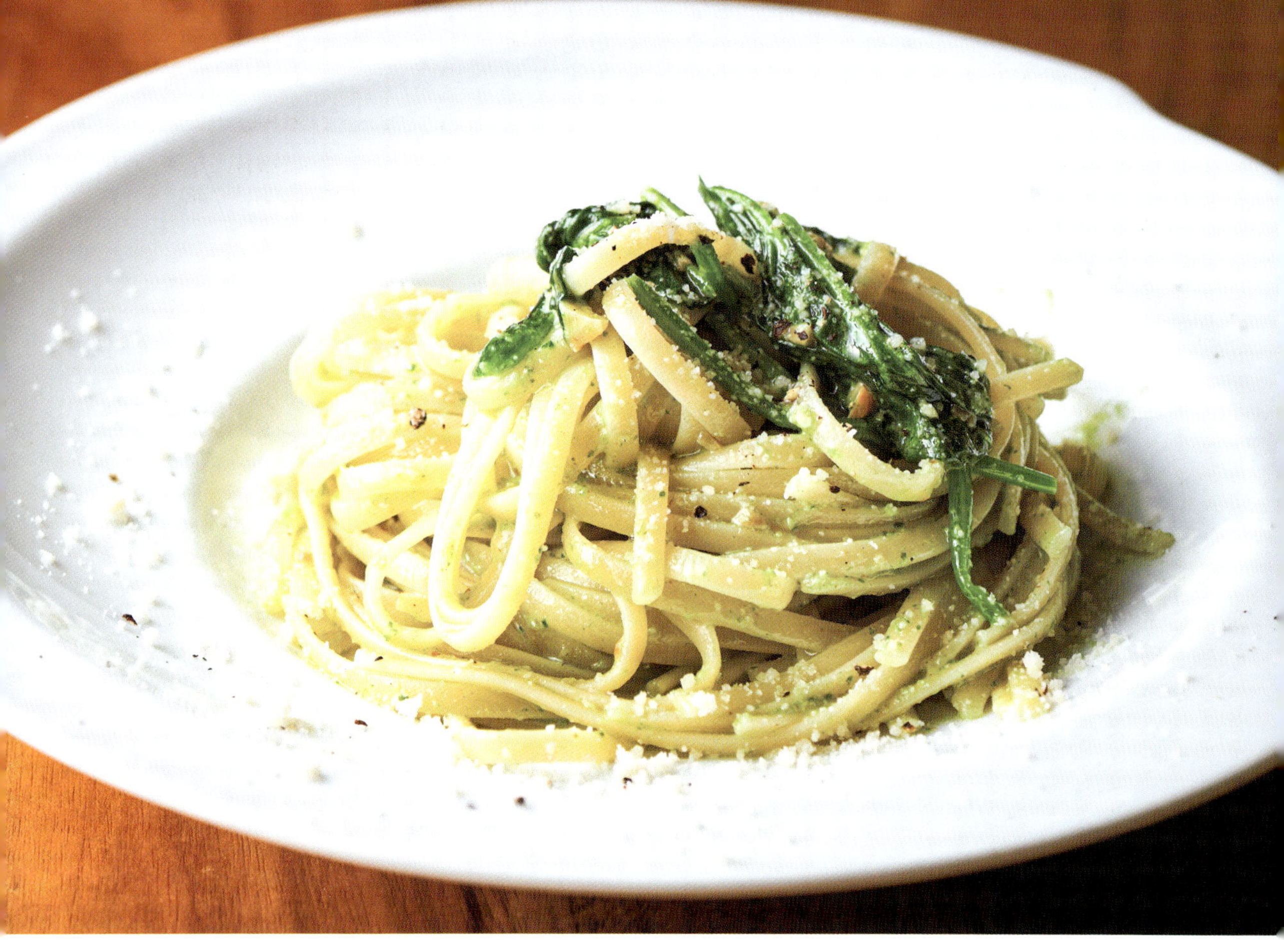

재료 (2인분)

- 링귀네(P.12 참조) ··········· 160g
- 올리브유 ··········· 25ml
- 마늘 ··········· 1쪽
- 제철 잎채소(여기서는 시금치를 사용) ··········· 3줄기
- 제노베제소스(P.28 참조) ···· 40ml
- 소금 ··········· 적당량
- 파르메산치즈 ··········· 30g
- 흑후추 ··········· 적당량

포인트

- 차가운 상태의 올리브유에 마늘을 넣고 볶는다.
- 채소를 볶은 후 불을 끊다.
- 스피드 있게 진행해서 선명한 색을 유지한다.

타임라인

- 0: 링귀네를 삶는다
- 0–2: 마늘을 볶는다
- 2–3: 잎채소를 볶는다
- 7: 소스를 넣는다
- 7–9: 소스와 버무린다
- 9 min: 완성!

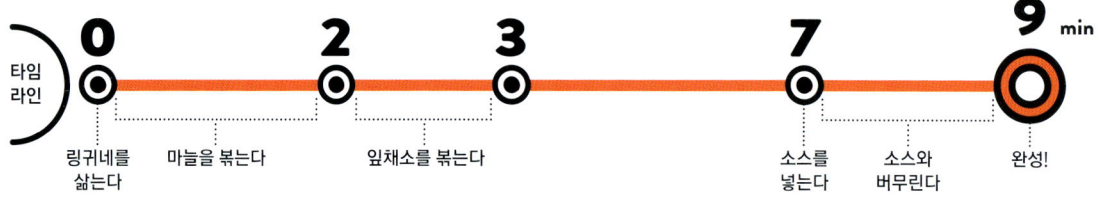

1 링귀네를 삶는다. 면 삶는 물의 염분 농도는 1~1.5%. 포장지에 표기된 시간보다 30초 덜 삶는 것이 기준.

2 프라이팬에 올리브유, 다진 마늘을 넣고 중불에 올린다. 부글부글하고 거품이 생기면서 마늘 색이 변하기 시작하면 약불로 줄인다.

3 **2**에 좋아하는 잎채소를 넣고 재빨리 소금 한 자밤을 뿌린 후 볶는다. 여기에 면수 20ml를 넣은 후, 불을 끄고 전체가 어우러지게 한다.

열을 가하면 재료의 색감이 떨어지기 때문에 스피드감이 중요!

4 링귀네가 다 삶아지기 직전에 제노베제소스를 넣고 약불에서 데운다.

5 파스타를 체에 건져서 물기를 빼고, **4**의 프라이팬에 넣어 소스와 재빨리 버무린다. 맛을 보고 간이 부족하면 소금을 넣는다. 마무리로 파르메산치즈와 흑후추를 뿌린다.

알리오 올리오 페페론치노

마늘을 익히면서 향과 맛을 천천히 끌어내
파스타에 배어들게 하는 것이 포인트.
굵기가 가는 파스타와 잘 어울립니다.

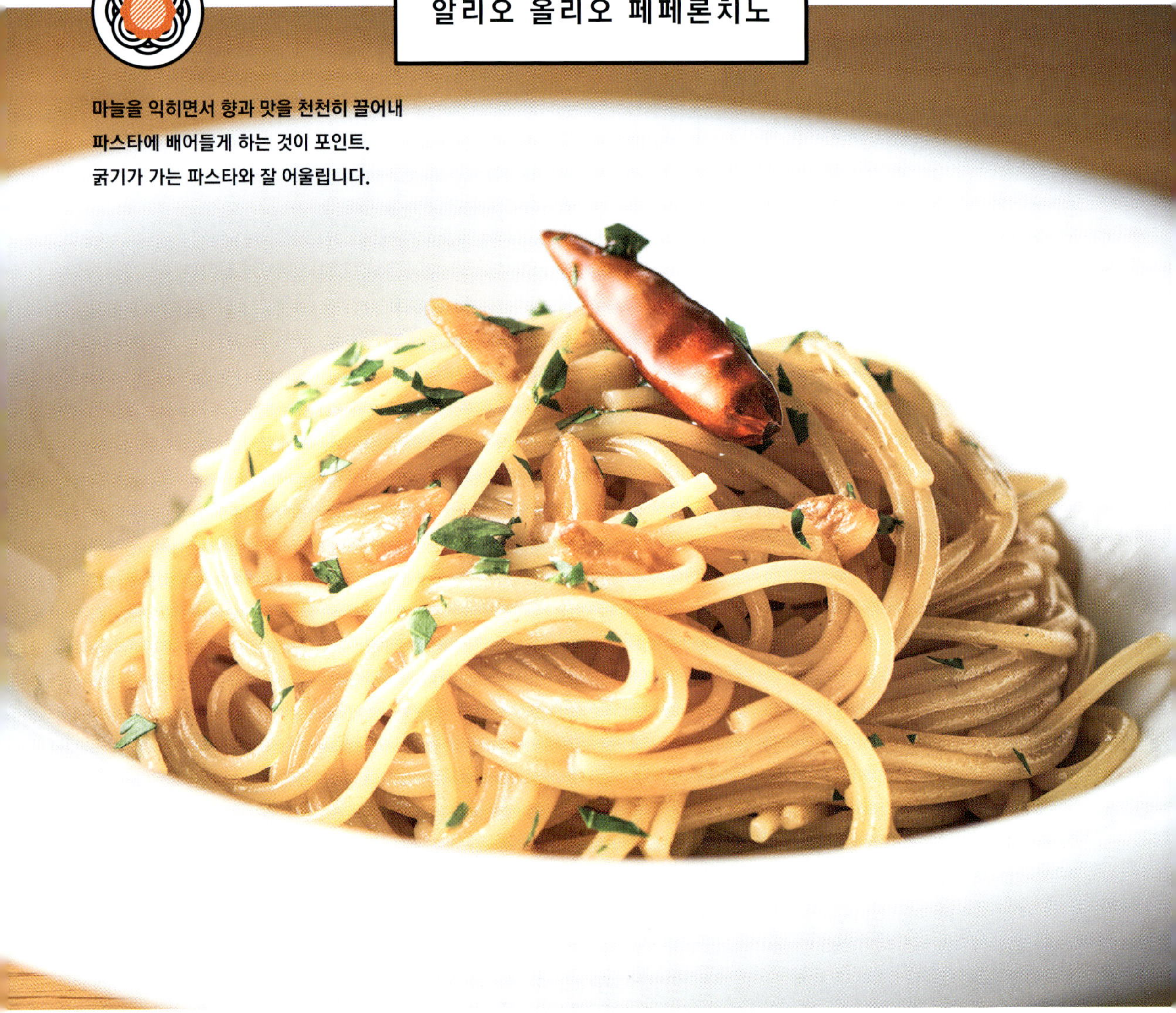

재료 (2인분)
- 스파게티 ······················ 160g
- 올리브유 ······················ 50ml
- 마늘 ·························· 2~3쪽
- 페페론치노(홍고추) ··········· 2개
- 이탈리안파슬리 ··············· 적당량
- 소금 ·························· 적당량

포인트
- 마늘에 오래 불을 가해서 말랑말랑한 식감으로 만든다.
- 오일과 면수의 균형을 중요하게!
- 유화*는 냄비를 흔드는 것만으로 OK.

* 유화 : 전분기가 있는 면수와 기름을 잘 섞이게 하는 조리 과정.

타임라인
- 0 : 파스타를 삶는다
- : 마늘을 볶는다
- 4 :
- 8 : 면수를 넣는다
- : 소스와 버무린다
- 10 min : 완성!

1 염분 농도 1.5%의 끓는 물에 스파게티를 삶는다. 포장지에 표기된 시간보다 1분 덜 삶는 것이 기준.

2 이탈리안파슬리를 굵게 다진다. 마늘은 칼을 눕혀 으깬 다음 싹을 제거한다.

> 마늘을 말랑말랑한 식감으로 천천히 타지 않게 불을 가합니다.

3 프라이팬에 올리브유와 마늘을 넣고 중불에 올린다. 기름이 부글부글 끓기 시작하면 약불로 줄인다.

4 마늘 색이 약간 변할 때까지 익히면서 향을 충분히 끌어낸다. 고추를 넣고 프라이팬을 10초 정도 흔들어서 오일과 어우러지게 한 다음 꺼낸다. 매운 것을 좋아하는 사람은 고추를 그대로 두어도 된다.

> 유화할 때 중요한 것은 오일과 수분의 밸런스!

5 면수 40ml를 정확히 계량해서 넣은 다음, 프라이팬을 흔들어서 기름과 면수를 완전히 유화시킨다. 분량만 잘 맞추면 흔드는 것만으로도 맛있어진다.

6 다 삶은 파스타의 물기를 빼고, 프라이팬에 넣은 후 재빨리 버무린다. 이탈리안파슬리를 넣고 간이 부족하면 소금을 넣는다.

봉골레 비안코

Pasta

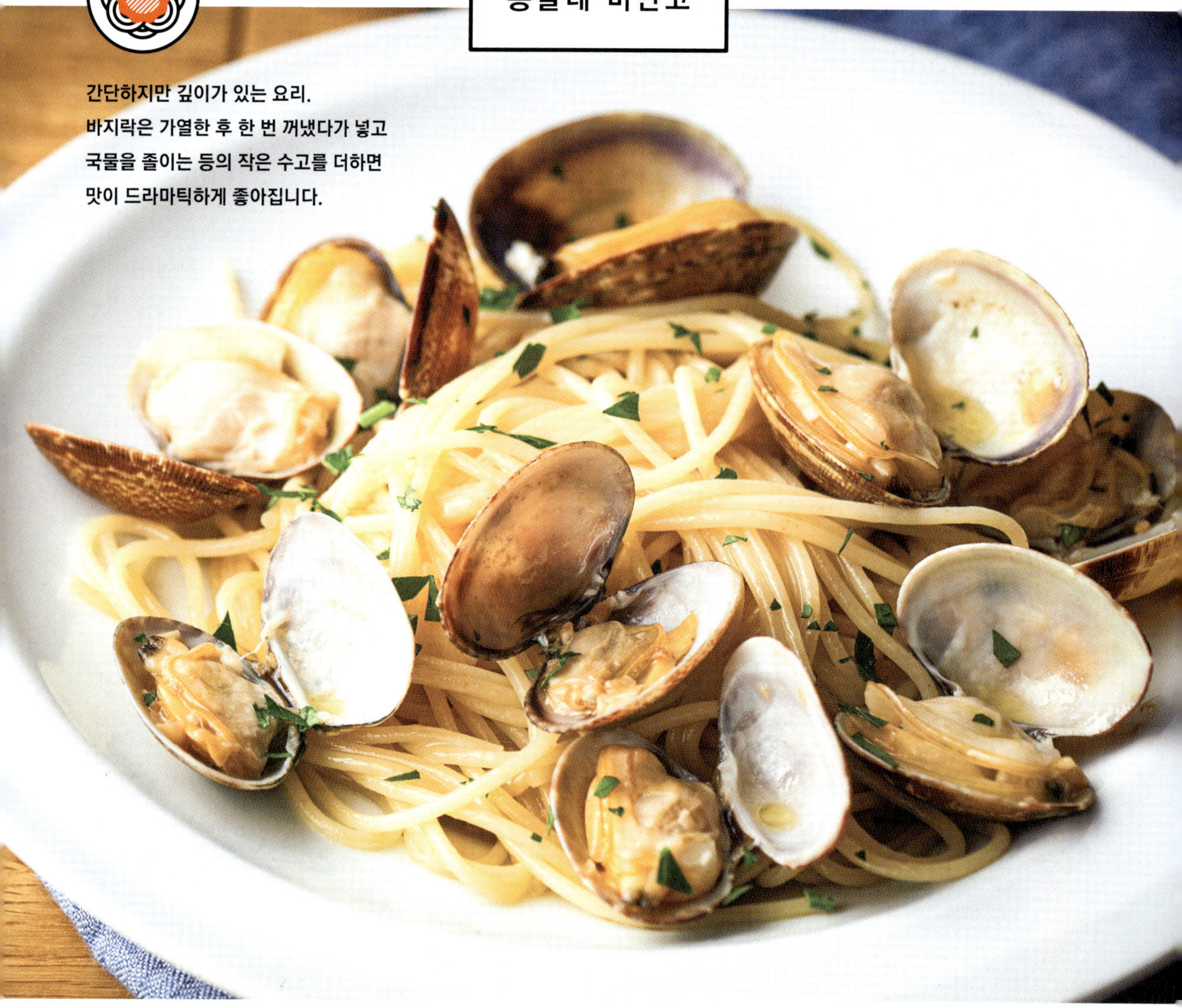

간단하지만 깊이가 있는 요리.
바지락은 가열한 후 한 번 꺼냈다가 넣고
국물을 졸이는 등의 작은 수고를 더하면
맛이 드라마틱하게 좋아집니다.

재료 (2인분)

- 스파게티 ········· 160g
- 올리브유 ········· 50ml
- 바지락 ··········· 40개
- 화이트와인 ······· 50ml
- 마늘 ·············· 2쪽
- 소금 ············· 적당량
- 엑스트라버진 올리브유 ········· 적당량
- 이탈리안파슬리 ········· 적당량

포인트

- 바지락의 입이 벌어지면 일단 꺼낸다.
- 소스를 반 정도까지 졸인다.
- 파스타와 국물을 먼저 버무린 다음, 바지락을 넣는다.

타임라인

- **0 min**: 마늘을 볶는다
- **2 min**: 바지락과 화이트와인을 넣는다
- **7 min**: 바지락을 꺼낸다
- **11 min**: 소스를 졸인다 / 소스와 버무린다
- **15 min**: 완성!

마늘은 노릇노릇한 갈색 상태가 되도록 볶아주세요.

1 프라이팬에 올리브유, 다진 마늘을 넣고 중불에 올린 다음, 부글부글 끓기 시작하면 약불로 내린다.

2 바지락과 화이트와인을 넣고 뚜껑을 닫은 후, 강불에서 1분 정도 가열한다.

국물을 졸이면 감칠맛이 꽉 응축됩니다!

3 조개 입이 벌어지면 바지락을 프라이팬에서 꺼내고 국물이 반 정도 줄 때까지 강불에서 졸인다. 바지락은 너무 오래 끓여서 살이 쪼그라들지 않도록 주의한다.

4 스파게티를 삶는다. 염분 농도 1%인 끓는 물에서 포장지에 표기된 시간보다 30초 덜 삶는 것이 기준.

5 **3**에 면수 70ml를 넣고 프라이팬을 부드럽게 흔들어서 유화시킨다.

먼저 파스타와 국물을 버무린 다음, 바지락을 넣으세요.

6 다 삶은 파스타를 **5**에 넣고 재빨리 버무린 다음, 바지락을 다시 넣고 간이 부족하면 소금을 넣는다. 접시에 보기 좋게 담고, 이탈리안파슬리와 엑스트라버진 올리브유를 조금 뿌리면 완성.

까르보나라 리가토니

리가토니는 큰 구멍이 뚫린 흔치 않은 파스타입니다.
소스가 잘 묻기 때문에 크리미한 까르보나라와
궁합이 아주 잘 맞아요.

재료 (2인분)
- 리가토니(P.12 참조) ………… 160g
- 올리브유 ………………… 50ml
- 판체타(P.11 참조) ………… 60g
- 파르메산치즈 ……………… 적당량
- 달걀노른자 ……………… 2개 분량
- 흑후추 …………………… 적당량

포인트
- 판체타는 잔열로 익힌다.
- 달걀 액에 면수를 식혀서 넣는다.
- 달걀 액과 파스타를 버무린 다음 불에 올린다.

타임라인

0	5	10	13	15 min
판체타를 볶는다	달걀 액과 치즈, 면수를 섞는다		파스타에 버무린다	완성!

1 리가토니를 삶는다. 염분 농도는 1.5%로 포장지에 표기된 시간보다 30초 덜 삶는 것이 기준.

2 프라이팬에 올리브유, 폭 1cm로 자른 판체타를 넣고 중불에 올린 다음, 부글부글 끓기 시작하면 불을 끄고 잔열로 감칠맛을 끌어낸다.

> 달걀 액은 65도부터 굳기 시작하므로 면수의 온도에 주의!

3 볼에 달걀노른자, 흑후추, 파르메산치즈(50g)를 넣고 섞어준다. 면수 20ml를 식혀서 넣고 함께 섞어준다.

4 2에 면수 50ml를 넣고 중불에서 데운다.

> 프라이팬 바닥을 젖은 행주 등에 30초 정도 올려서 온도를 낮춰주세요.

5 파스타가 다 익기 직전에 3을 4의 프라이팬에 넣고 섞은 후 일단 불을 끈다.

> 달걀 액이 너무 굳었으면 면수를 더 넣습니다.

6 파스타를 다 삶았으면 물기를 완전히 빼고, 5에 넣어 재빠르게 버무린 다음 약불에 올린다. 달걀 액이 엉겨 붙기 시작하면 바로 불을 끄고 접시에 보기 좋게 담는다. 흑후추와 파르메산치즈를 뿌린다.

카펠리니 냉파스타

자몽의 산미가 더운 계절에 안성맞춤인 냉파스타.
메인 요리는 물론, 소량을 접시에 보기 좋게 담으면
멋진 전채 요리로도 손색이 없습니다.

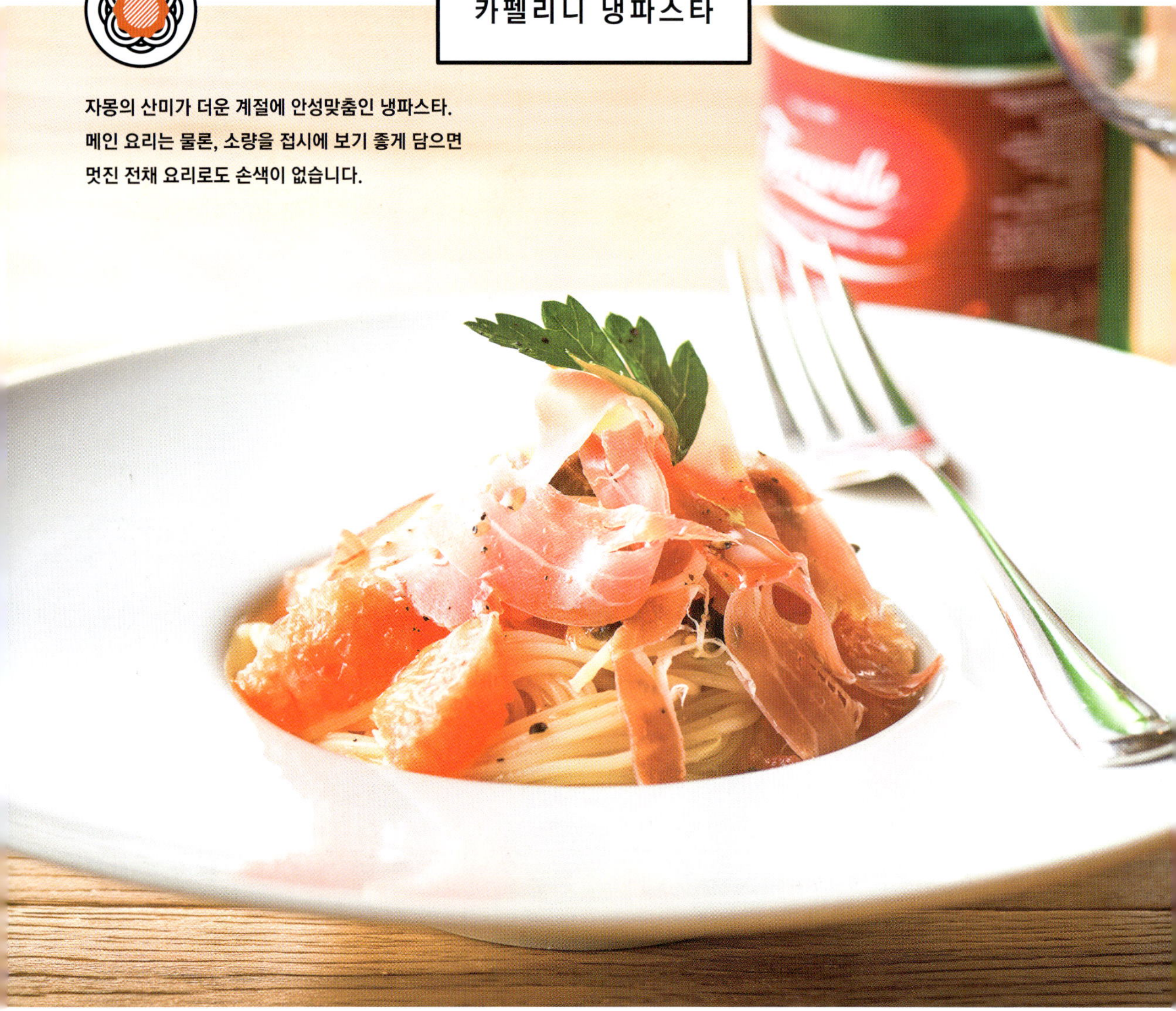

재료 (2인분)
- 카펠리니(P.12 참조) ········ 160g
- 엑스트라버진 올리브유 ······ 50ml
- 토마토 ···················· 1개
- 자몽 ······················ 1개
- 생햄 ······················ 2장
- 블랙올리브 ················ 6알
- 소금 ···················· 적당량
- 흑후추 ·················· 적당량
- 이탈리안파슬리 ········· 적당량

포인트
- 간이 맞는지 부지런히 체크한다.
- 올리브유는 조금씩 첨가한다.
- 파스타는 포장지의 표기보다 30초 더 삶는다.

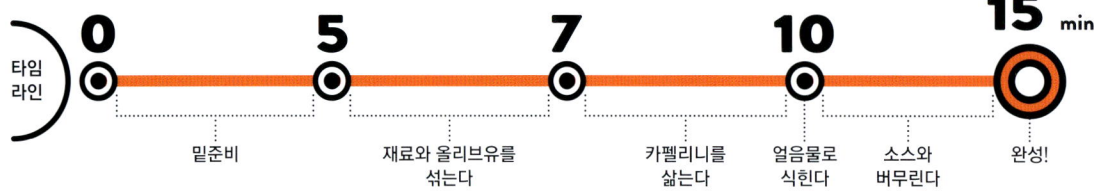

타임라인: 0분 밑준비 → 5분 재료와 올리브유를 섞는다 → 7분 카펠리니를 삶는다 → 10분 얼음물로 식힌다 → 소스와 버무린다 → 15min 완성!

1 토마토 껍질에 십자로 칼집을 넣고 뜨거운 물속에 20초 정도 담갔다가 얼음물에 식혀서 껍질을 벗긴다.

2 1을 사방 1cm 크기로 깍둑썰기하고 씨를 뺀다. 자몽은 껍질을 벗겨서 과육만 꺼낸다. 생햄은 손으로 작게 찢고, 올리브는 굵게 다진다.

> 오일을 조금씩 더해서 전체가 어우러지게 하면 유화하기 쉽습니다.

3 파슬리를 제외한 2의 재료를 볼에 넣은 후, 볼 가장자리에 올리브유를 떨어뜨린다. 고무주걱으로 휘저어 섞어서 토마토와 과일의 수분과 기름을 유화시킨 후 소금으로 간한다.

> 얼음물로 인해 면이 줄어들기 때문에 조금 오래 삶아주세요.

4 카펠리니를 삶는다. 염분 농도 1.5%인 끓는 물에서 포장지에 표기된 것보다 30초 더 오래 삶는다.

5 파스타가 다 삶아졌으면 얼음을 채운 볼 위에 띄워서 1분 정도 담가 잘 식힌다.

6 파스타의 물기를 완전히 뺀 다음, 3의 볼에 넣어 섞고 소금으로 간한다. 접시에 보기 좋게 담아 흑후추를 뿌리고, 파슬리를 올리면 완성.

고르곤졸라 크림스파게티

다른 건더기는 하나도 넣지 않고
치즈의 감칠맛만으로 승부하는 매력 만점의 파스타.
전문점의 맛을 간단하게 재현할 수 있습니다.

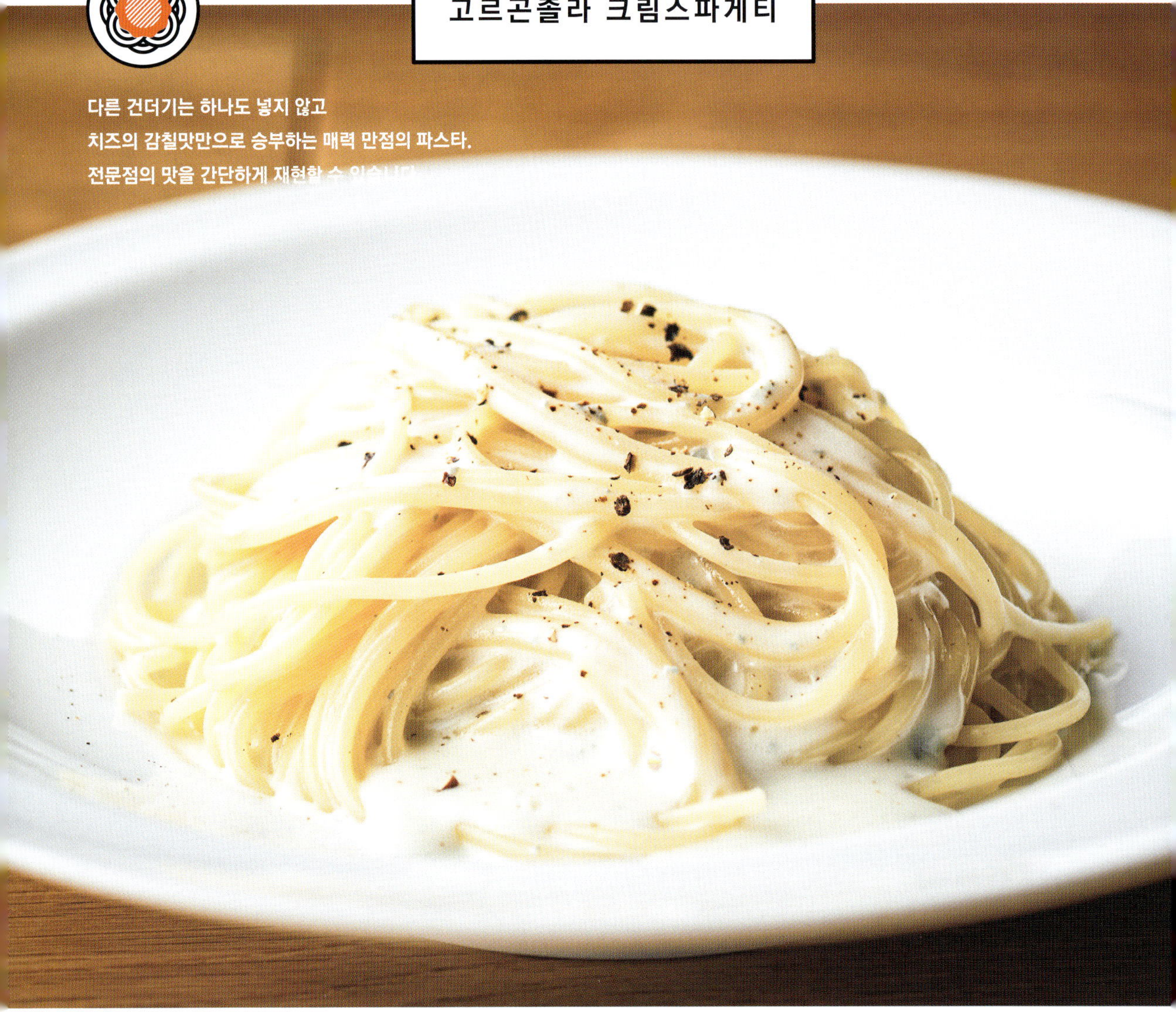

재료 (2인분)
- 스파게티 ······················ 160g
- 생크림 ························· 70ml
- 우유 ···························· 70ml
- 고르곤졸라치즈 ············· 60g
- 파르메산치즈 ················ 30g
- 소금 ···························· 적당량
- 흑후추 ························· 적당량

포인트
- 생크림은 끓이지 않는다.
- 치즈 이외는 넣지 않는다.
- 파르메산치즈는 그릇에 담기 직전에 넣는다.

타임라인
- 0: 파스타를 삶는다
- 소스를 데운다
- 8: 소스와 버무린다
- 10 min: 완성!

1 스파게티를 삶는다. 염분 농도 1.5%에서 포장지에 표기된 시간보다 30초 덜 삶는 것이 기준.

생크림과 우유는 끓이지 않아요!

2 프라이팬에 생크림, 우유를 넣고 약불에서 데운다. 충분히 데워졌으면 고르곤졸라치즈를 넣고 녹인다.

3 다 삶은 스파게티를 체에 건져 물기를 뺀 다음, **2**의 냄비에 넣고 재빨리 버무린다. 맛을 보면서 소금으로 간한다.

치즈가 굳지 않도록 먹기 직전에 넣습니다.

4 그릇에 담기 직전에 파르메산치즈를 넣고 버무린 다음, 흑후추를 뿌린다.

Pasta

버섯 크림뇨키

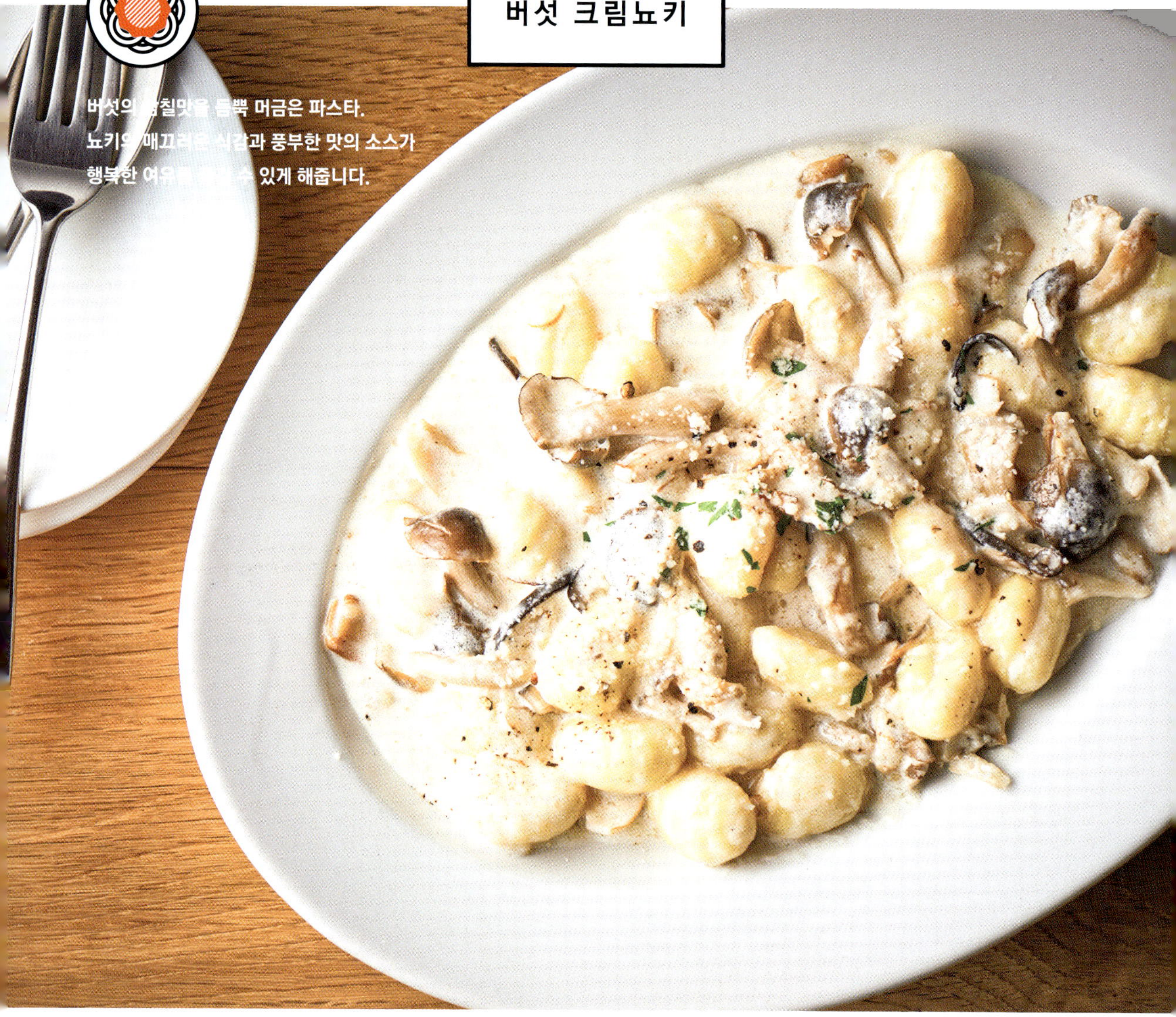

버섯의 감칠맛을 듬뿍 머금은 파스타.
뇨키의 매끄러운 식감과 풍부한 맛의 소스가
행복한 여유를 즐길 수 있게 해줍니다.

재료 (2인분)

- 뇨키(P.12 참조) ············ 180g
- 올리브유 ·················· 50ml
- 표고버섯 ·················· 2개
- 잎새버섯 ········· 1/2팩(약 50g)
- 만가닥버섯 ······· 1/3팩(약 33g)
- 생크림 ···················· 90ml
- 우유 ······················ 90ml
- 소금 ······················ 적당량
- 파르메산치즈 ·········· 적당량
- 흑후추 ···················· 적당량
- 이탈리안파슬리 ·········· 적당량

포인트

- 소금으로 버섯의 감칠맛을 끌어낸다.
- 버섯은 강불로 볶아 식감을 살린다.
- 생크림은 끓이지 않는다.

타임라인

- 0 : 뇨키를 삶는다
- 0~4 : 버섯을 볶는다
- 4~7 : 소스를 데운다
- 7~9 : 소스와 버무리고 치즈가루를 넣는다.
- 9 min : 완성!

1 염분 농도 1.5%인 끓는 물에 뇨키를 삶는다. 뇨키가 떠오르기 시작하면 다 삶아졌다는 사인.

2 프라이팬에 올리브유를 넣고 강불에 올린다. 데워졌으면 버섯을 넣고 소금을 한 자밤 뿌려 볶는다.

> 생크림은 끓이면 유분이 분리되기 때문에 끓기 직전에 불을 끄세요.

3 버섯이 익었으면 면수 50ml를 넣은 다음, 여기에 생크림과 우유를 넣고 약불로 줄여서 데운다.

4 물기를 뺀 뇨키를 넣어 재빨리 버무린 다음, 파르메산치즈(40g)를 넣고 접시에 보기 좋게 담는다. 흑후추와 파르메산치즈, 이탈리안파슬리를 뿌리면 완성.

동영상이 인생을 바꿨다

〈Chef Ropia〉와 〈리스토란데 플로리아〉, 그리고 현재의 저희가 있는 것은 유튜브를 시작으로 한 동영상 덕분이라고 말해도 과언이 아닙니다. 이 칼럼에서는 제 인생을 바꾼 동영상에 대해서 이야기해드리고 싶습니다.

2012년, 처음에는 실시간 동영상 전송 서비스인 니코니코 생방송에서 '게임 실황'을 시작했습니다. 하고 있는 일과는 관계없는 취미였습니다. 원래 열중하는 타입으로 뭔가에 몰두하면 '다른 사람들에게도 이 재미를 알려주고 싶다'라는 마음을 갖게 됩니다. 동영상 전송이라는 작업은 이런 제게 딱 맞는 취미였고, 일하는 사이사이 재충전할 수 있는 시간이었습니다.

게임 다음은 남자들이 좋아할 만한 수렵 동영상을 전송하려고 생각했는데 여러 가지 사정 때문에 전송하는 것이 어렵다는 것을 깨달았습니다. 그렇게 되자, 제게 가능한 것은 요리밖에 없었습니다. 기념할 만한 첫 요리 동영상은 2014년에 업로드했습니다.

하지만 처음에는 보는 사람이 거의 없었습니다. 요리 영상으로는 흥미를 끌 수 없구나라고 실감했습니다. 하지만 전환기는 다음해 초에 왔습니다. 사람들이 전혀 보지 않던 요리 영상을 니코니코 동영상에 5편 올렸는데 무려 인기 1~3위를 독점하게 된 것입니다. 저는 깜짝 놀랐습니다. 댓글을 포함해서 큰 반향을 일으켰고 시청자들의 '이런 저런 것을 보고 싶다'라는 댓글을 재미있게 보면서 거기에 응답하는 형태로 계속 동영상을 업로드해왔습니다.

최근에는 새로운 시청자들이 늘었고 댓글란도 활기차져서 감사하게 생각하고 있습니다. 댓글 내용도 오랜 팬이어야만 알고 있는 것이거나, 소박한 요리 질문도 있습니다. 마치 영상을 시작할 때로 회귀한 것 같은 느낌이 듭니다.

댓글을 읽으면서 깨닫게 되는 것도 많이 있습니다. 시청자들의 댓글과 함께 성장해왔던 그 시절의 마음을 다시 회복하고 앞으로도 늘 새로운 마음으로 동영상을 만들고자 합니다.

※ 첫 동영상은 여기에서 볼 수 있습니다.

Chapter 2

Appetizer

전채 요리

Appetizer

해산물 아히요

간단한 요리지만 재료의 선택지가 무한대.
다 먹고 남은 오일에 빵을 찍어 먹거나
파스타와 버무려 먹어도 맛있어요.

재료 (2인분)
- 왕새우 ·················· 2마리
- 어린 가리비 ············ 4개
- 바지락 ···················· 10개
- 흰살생선 ················ 1토막
- 영콘 ························ 2개
- 새송이버섯 ············ 1개
- 순무 ························ 1개
- 주키니 ···················· 1/4개
- 마늘 ························ 1쪽
- 올리브유 ················ 250ml
- 소금 ························ 1/2작은술

포인트
- 마늘의 향을 끌어낸다.
- 소금의 효과를 제대로 살린다.
- 조개류를 너무 익히지 않는다.

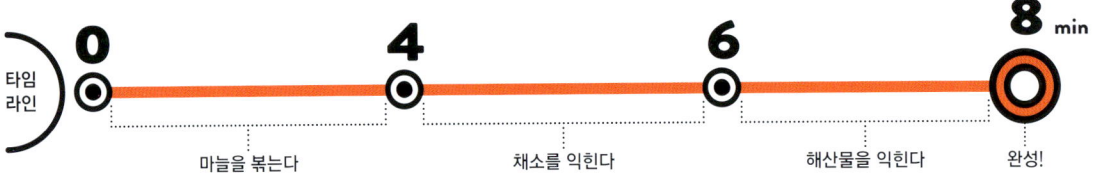

타임라인: 0 마늘을 볶는다 — 4 채소를 익힌다 — 6 해산물을 익힌다 — 8 min 완성!

1 마늘은 싹을 제거하고 폭 1mm로 슬라이스한다. 새우는 몸통 부분의 껍질만 벗기고 머리와 꼬리는 그대로 둔다. 그 외의 재료는 한입 크기로 잘라둔다.

마늘이 타지 않도록 주의하세요.

2 자그마한 프라이팬이나 스킬렛(무쇠 팬)에 올리브유와 마늘, 소금을 넣고 중불에 올린다. 부글부글하면서 끓으면 약불로 줄이고 2분 정도 마늘 향을 끌어낸다.

3 익는 데 시간이 걸리는 순무와 영콘을 처음에 넣는다.

새우가 빨간색이 되면 다 익었다는 신호!

4 새송이버섯과 주키니, 해산물을 넣고 3분 정도 익히면 완성.

Appetizer

구운 토마토 카프레제

심플한 만큼 재료의 품질이 중요한 요리입니다.
모차렐라치즈는 물론 토마토 품종에도
신경을 쓰면 맛이 폭넓어집니다.

재료 (2인분)
- 모차렐라치즈 ············· 1팩
- 토마토 ··················· 1개
- 바질잎 ··················· 6장
- 엑스트라버진 올리브유 ······ 적당량
- 소금 ····················· 적당량
- 흑후추 ··················· 적당량

포인트
- 토마토의 자른 단면에 소금을 뿌린다.
- 토마토를 구워서 감칠맛을 끌어낸다.
- 마무리에 올리브유를 듬뿍 뿌린다.

타임라인

0 ─────────────── 8 ── 10 min

- 0~8: 오븐토스터로 토마토를 굽는다
- 8~10: 그릇에 보기 좋게 담는다
- 10: 완성!

방울토마토도 OK.

1 모차렐라치즈와 토마토를 폭 1cm로 슬라이스한다.

2 토마토의 자른 면에 소금을 얇게 뿌린다.

200도로 예열해두세요. 많이 구워져서 그을린 자국이 있는 것도 맛있습니다.

3 토마토를 오븐토스터에서 7~8분간 굽는다.

Cheese

4 모차렐라치즈, 토마토, 바질잎을 번갈아 놓고, 마무리로 엑스트라버진 올리브유, 흑후추를 뿌린다.

049

Appetizer

바냐 카우다

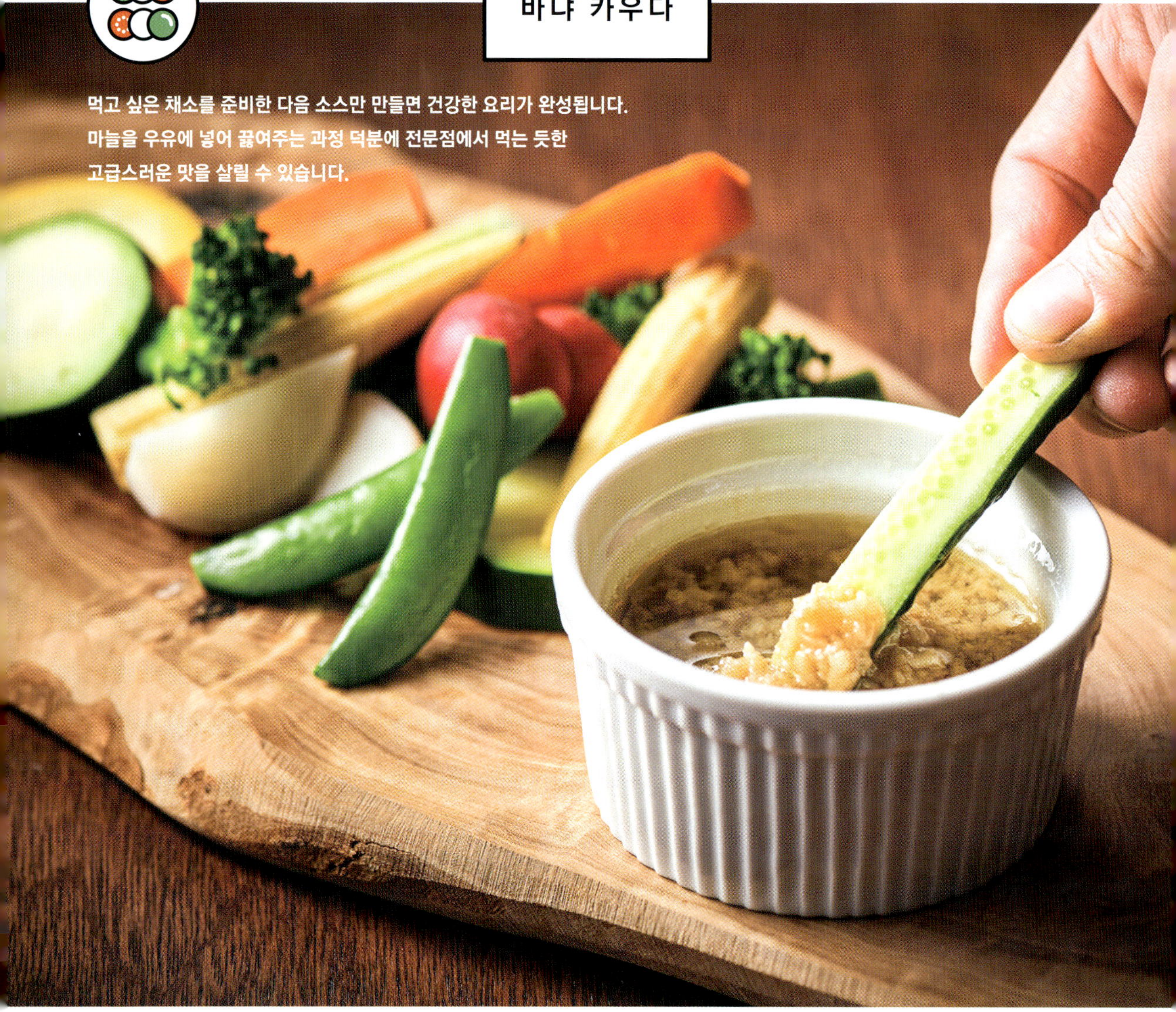

먹고 싶은 채소를 준비한 다음 소스만 만들면 건강한 요리가 완성됩니다.
마늘을 우유에 넣어 끓여주는 과정 덕분에 전문점에서 먹는 듯한
고급스러운 맛을 살릴 수 있습니다.

재료 (2인분)
- 마늘 ·················· 3통
- 우유 ·················· 300ml
- 물 ···················· 300ml
- 올리브유 ············ 180ml
- 안초비 ··············· 7마리
- 채소 ·················· 취향껏

포인트
- 마늘은 두 번 데친다.
- 데친 마늘을 완전히 두들겨서 페이스트 상태로 만든다.
- 페이스트를 가볍게 눌어붙게 해서 향을 낸다.

타임라인
- 0: 마늘을 데친다
- 5: 마늘을 다시 데친다
- 20: 마늘과 안초비를 페이스트 상태로 만든다
- 25: 올리브유와 페이스트를 졸인다
- 30 min: 완성!

1 작은 냄비에 물 150ml, 우유 150ml, 껍질과 싹을 제거한 마늘을 넣고 중불에 올린다.

아깝다는 생각이 들어도 과감히 버리세요!

2 끓으면 바로 냄비를 체에 쏟고 마늘의 물기를 뺀다.

3 다시 같은 냄비에 **2**의 마늘, 남은 물과 우유(150ml 씩)를 넣은 다음, 대나무꼬치 등으로 찔렀을 때 쑥 들어갈 정도(15~20분 정도)까지 약불로 가열한다.

4 마늘이 부드러워졌으면 체에 쏟아 물기를 뺀다.

재료를 각각 가볍게 두들겨 놓으면 섞기 편해요.

5 도마 위에 **4**의 마늘과 안초비를 올려놓고 페이스트 상태가 될 때까지 칼로 두들긴다.

냄비 바닥에 살짝 눌어 붙기 시작하면 그때마다 섞기를 반복합니다.

6 **5**의 페이스트와 올리브유를 냄비에 넣고 약불에서 잠시 졸인 다음, 먹고 싶은 채소를 잘라서 곁들이면 완성.

Appetizer

오징어 프리토

큼직하게 잘라서 튀기면 식감이 최고!
튀김옷의 색을 정확히 보면서 튀기면 실패 없이 완성할 수 있습니다.
술안주나 밥반찬, 어디든 어울리는 한 접시 요리입니다.

재료 (2인분)
- 오징어 ········· 1마리
- 박력분 ········· 100g
- 우유 ··········· 100ml
- 달걀 ············ 1개
- 소금 ············ 한 자밤
- 튀김유 ·········· 적당량
- 이탈리안파슬리 ···· 적당량
- 레몬 ············ 적당량

포인트
- 달걀노른자와 흰자를 분리한다.
- 튀김옷은 완전히 섞어준다.
- 튀김옷의 색이 바뀌면 기름에서 건진다.

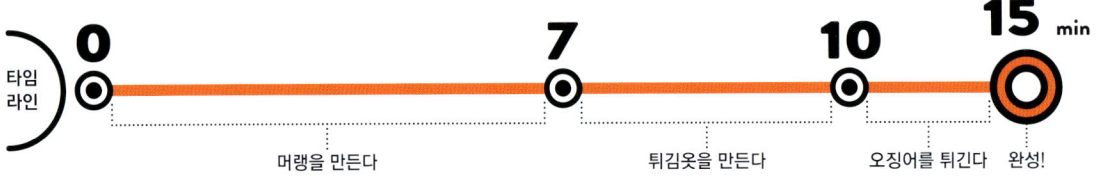

타임라인: 0 - 머랭을 만든다 / 7 - 튀김옷을 만든다 / 10 - 오징어를 튀긴다 / 15 min - 완성!

> 튀기면 크기가 줄어들기 때문에 큼직하게 자르세요.

1 오징어의 몸통과 다리를 나누고 원하는 크기로 자른다.

2 달걀노른자와 흰자를 분리하고 흰자만 볼에 담아 뿔이 설 때까지 거품을 낸다.

3 다른 볼에 박력분, 달걀노른자, 우유, 소금을 넣고 잘 섞어준다.

4 **3**의 볼에 **2**를 넣고 한데 섞어서 튀김옷을 만든다.

> 튀김 시간은 1분 정도! 튀김옷의 색이 달라지면 바로 기름에서 건집니다.

5 **1**을 튀김옷에 담갔다가 170도 기름에 넣고 노릇노릇한 색이 되면 바로 꺼낸다. 접시에 보기 좋게 담고, 레몬과 파슬리를 곁들인다.

Appetizer

토마토 & 아보카도 브루스케타와 양파 포타주

아보카도의 크리미한 맛과 마늘바게트의 고소한 향이 완벽하게 어울리는 일품 요리.
심플한 포타주로 양파의 단맛을 즐길 수 있습니다.

재료 (2인분)

〈브루스케타〉
- 방울토마토 ············ 10개
- 아보카도 ················ 1개
- 올리브유 ················ 15ml
- 레몬즙 ··················· 10ml
- 마늘 ······················· 1쪽
- 바게트 ··················· 1/2개
- 소금 ······················· 1/2작은술

〈포타주〉
- 양파(중) ················· 1개
- 우유 ······················· 90ml
- 생크림 ··················· 90ml
- 소금 ······················· 적당량
- 후추 ······················· 적당량
- 올리브유 ················ 적당량

포인트
- 레몬으로 아보카도의 변색을 방지한다.
- 강판에 간 마늘과 올리브유를 섞어둔다.
- 포타주는 취향에 맞춰서 섞는 상태를 조절한다.

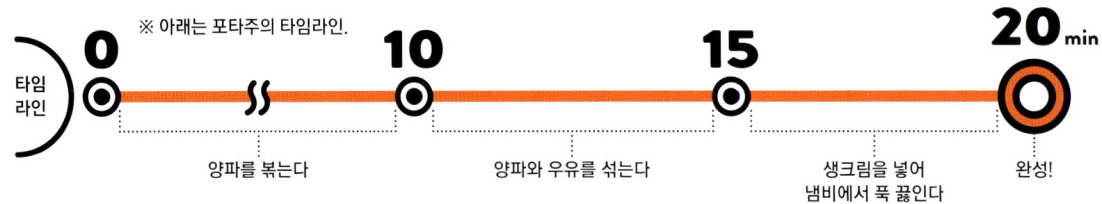

※ 아래는 포타주의 타임라인.

타임라인
- 0
- 10 양파를 볶는다
- 양파와 우유를 섞는다
- 15 생크림을 넣어 냄비에서 푹 끓인다
- 20 min 완성!

1 방울토마토는 4등분으로 빗모양썰기하고, 아보카도는 사방 1cm 크기로 깍둑썰기한다.

레몬즙으로 아보카도의 변색을 방지하고 풍미를 더합니다.

2 1을 볼에 넣은 다음, 레몬즙과 소금을 넣고 버무려서 냉장고에 차게 둔다.

토스터로 구워서 뜨겁기 때문에 마늘의 강한 냄새가 사라집니다.

3 바게트를 두께 2cm로 잘라 강판에 간 마늘과 올리브유를 섞은 것을 바른 다음, 토스터에서 노릇노릇하게 굽고 **2**의 건더기를 듬뿍 올린다.

4 포타주를 만든다. 냄비에 올리브유를 넣어 달군 다음, 폭 1mm로 슬라이스한 양파를 넣고 소금을 한 자밤 뿌려 투명해질 때까지 볶는다.

양파의 식감이 약간 남아 있어도 괜찮아요!

5 믹서에 **4**와 우유를 넣고 잘 섞는다. 양파의 식감을 즐기고 싶다면 형태를 남긴다.

6 충분히 섞였으면 **5**와 생크림을 냄비에 넣고 중불에서 끓인다. 살짝 끓어오르기 시작하면 소금과 후추, 올리브유로 마무리한다.

Appetizer

프리타타

본고장의 프리타타와 달리 키슈처럼 부드럽고
양파의 단맛을 느낄 수 있도록 완성했습니다.

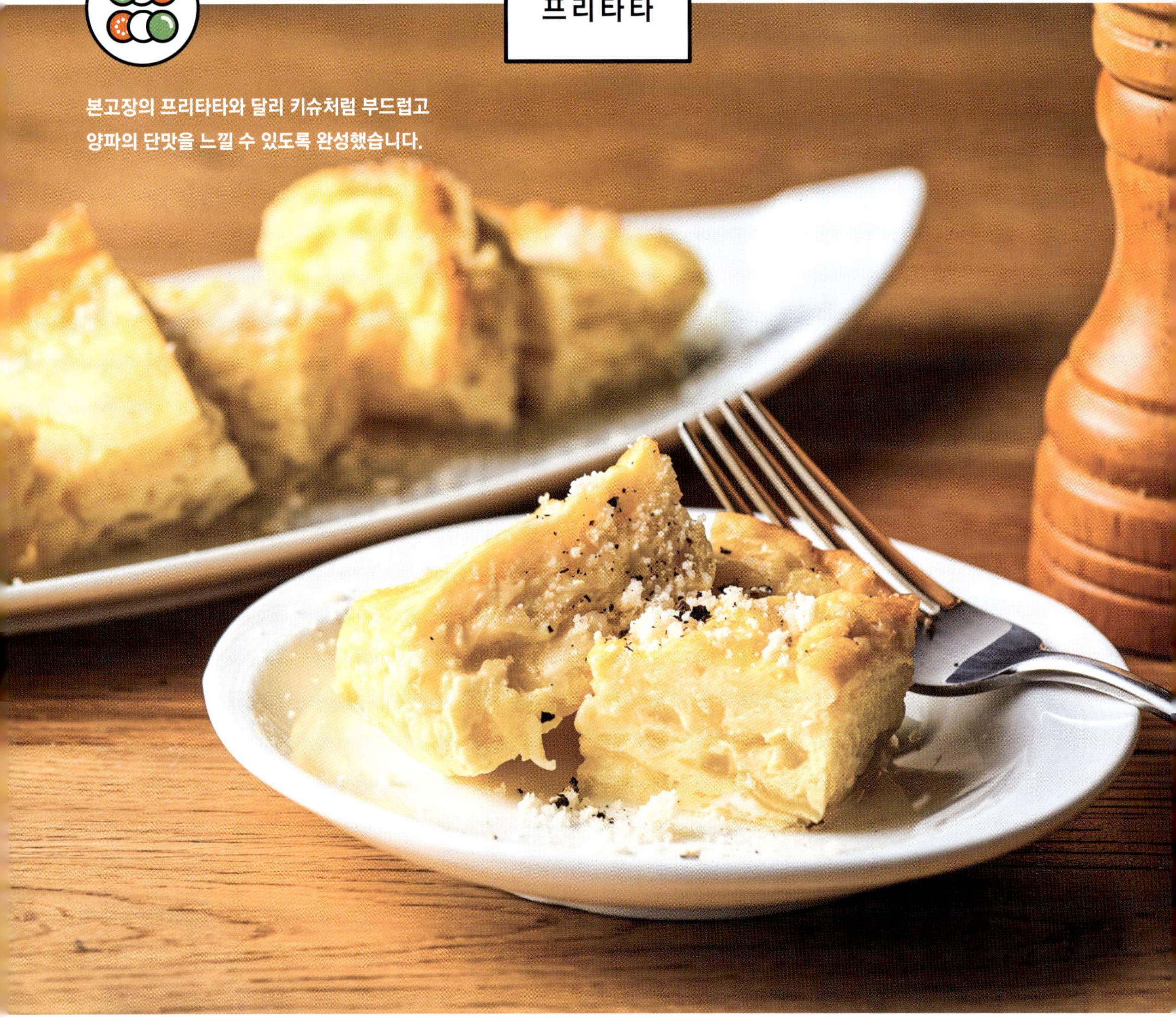

재료 (2인분)
- 양파 ············· 1/2개
- 달걀 ············· 2개
- 우유 ············· 70ml
- 생크림 ··········· 30ml
- 올리브유 ········· 적당량
- 슈레드치즈 ······· 40g
- 파르메산치즈 ····· 10g
- 치즈가루 ········· 적당량
- 흑후추 ··········· 적당량
- 소금 ············· 적당량

포인트
- 치즈는 2종류를 사용한다.
- 달걀 액을 완전히 섞는다.
- 냉장고에 차게 두어 맛을 응축시킨다.

타임라인

0 - 양파를 볶는다
10 - 달걀 액을 만든다
15 - 오븐에서 굽는다
30 - 냉장고에 차게 둔다
90min - 완성!

소금으로 양파의 단맛을 끌어내고 맛을 응축시켜요.

1 냄비에 올리브유(25ml), 폭 2mm로 슬라이스한 양파를 넣고 소금을 살짝 뿌린 다음, 중불에서 양파가 투명하게 될 때까지 볶는다.

처음에 달걀만 먼저 섞으면 빨리 섞입니다.

2 볼에 달걀을 깨서 넣고 완전히 푼 다음, 우유, 생크림, 소금을 한 자밤 넣고 잘 섞는다.

유산지 등을 깔면 실패할 확률이 적어집니다.

3 틀에 올리브유를 살짝 바르고 **1**의 양파를 균일하게 깔아서 채운다.

겉이 노릇노릇해지고 틀을 흔들었을 때 묵직하다면 익었다는 증거!

4 **3**에 **2**의 달걀 액을 흘려 넣고 2종류의 치즈, 흑후추를 뿌린 다음, 180도로 예열한 오븐에서 15분간 굽는다. 한 김 식으면 1시간 이상 냉장고에서 식힌 다음 자른다. 접시에 담고 치즈가루를 뿌리면 완성.

Appetizer

가지 카포나타

채소의 맛이 응축된 냉토마토 스튜.
차갑게 먹는 것을 추천하지만 따뜻하게 먹어도 맛있습니다.

재료 (2인분)
- 토마토소스(P.16 참조) ······ 160ml
- 양파 ······························· 1/2개
- 가지 ································ 3개
- 주키니 ····························· 1개
- 케이퍼 ··························· 20알
- 올리브유 ······················ 60ml
- 화이트와인식초 ············ 40ml
- 설탕 ······················ 1과 2/3큰술
- 소금 ································ 적당량

포인트
- 양파를 완전히 볶는다.
- 소금으로 채소의 감칠맛을 응축시킨다.
- 토마토소스를 끓여서 산미를 날린다.

타임라인

0	5	8	10	20 min
양파를 볶는다	가지, 주키니를 볶는다	화이트와인식초를 넣는다	토마토소스를 넣고 푹 끓인다	완성!

1 양파, 가지, 주키니를 사방 2cm 크기로 깍둑썰기한다.

소금으로 감칠맛을 응축시켜요.

2 작은 냄비에 올리브유를 넣고 중불에서 달군 다음, 양파를 넣고 소금을 살짝 뿌려 갈색이 될 때까지 볶는다.

3 2의 양파가 투명해지기 시작하면 가지, 주키니를 넣는다. 여기에 소금을 살짝 뿌린 후에 볶는다.

4 3에 케이퍼와 화이트와인식초를 넣은 다음 강불로 조절한다. 한 번 끓어오르게 해서 산미를 날리고 맛이 어우러지게 한다.

5 토마토소스를 넣고 중불에 올린다. 부글부글 끓으면 약불로 줄이고 설탕, 소금(1/2작은술)을 넣고 10~15분 정도 푹 끓인다. 한 김 식으면 냉장고에 넣어 식힌다.

Appetizer

농어 카르파초

신선한 흰살생선 횟감을 구했다면 꼭 만들어 보세요. 살짝 손을 더하면 순식간에 손님 접대용 요리가 완성됩니다.

재료 (2인분)

- 농어(흰살생선) ············ 200g
- 레몬즙 ············ 1/2개 분량
- 올리브유 ············ 15ml
- 소금 ············ 적당량
- 허브 ············ 적당량
- 제노베제소스(P.28 참조) ··· 적당량

〈드레싱〉
- 올리브유 ············ 20ml
- 쌀식초 ············ 1작은술
- 간장 ············ 1작은술

포인트

- 흰살생선은 취향에 따른 두께로 슬라이스한다.
- 생선을 손가락으로 눌러서 소금을 흡수시킨다.
- 드레싱을 바꿔가며 응용해서 즐긴다.

타임라인

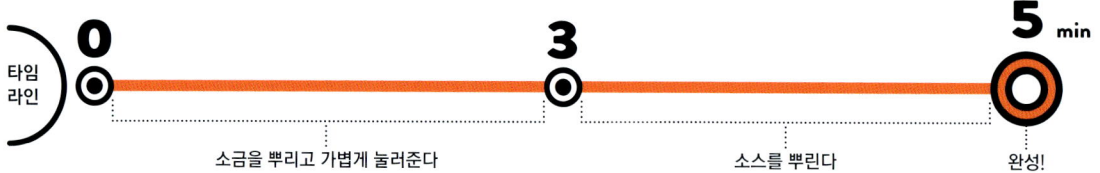

0 — 소금을 뿌리고 가볍게 눌러준다
3 — 소스를 뿌린다
5 min — 완성!

1 농어를 얇게 슬라이스한다.

얇게 자르면 오일이 잘 묻고 두꺼우면 식감이 좋아요.

2 접시에 펼쳐서 올리고 소금을 가볍게 뿌린다.

3 소금이 생선에 흡수되도록 생선을 가볍게 손가락으로 누른다.

손가락으로 마사지하듯이 눌러서 소금을 구석구석까지 흡수시킵니다.

4 레몬즙, 올리브유를 뿌린다. 마지막으로 제노베제소스를 올리고, 허브를 곁들인다.

5 드레싱 재료를 준비한다.

6 올리브유, 쌀식초, 간장을 섞으면 완성. 먹기 직전에 요리에 뿌린다.

심플한 요리일수록 무한대로 응용할 수 있습니다. 직접 만든 드레싱을 준비하는 것만으로 순식간에 격식을 차린 요리로 레벨업!

Appetizer

이탈리아 감자샐러드

깔끔하고 담백한 감자샐러드.
숟가락을 멈출 수 없는 독특한 산미가 있습니다.

재료 (2인분)
- 감자 ············· 1개
- 당근 ············· 1/2개
- 양파 ············· 1/2개
- 껍질콩 ············ 5개
- 케이퍼 ············ 20알
- 화이트와인식초 ······ 20ml
- 월계수잎 ··········· 1장
- 안초비 퓌레 ········ 1장

- 삶은 달걀 ·········· 1개

〈마요네즈〉
- 달걀노른자 ········ 2개 분량
- 올리브유 ··········· 75ml
- 레몬즙 ············ 20ml
- 화이트와인식초 ······ 20ml

포인트
- 마요네즈의 유분이 분리되지 않도록 완전히 섞는다.
- 감자와 당근은 물에 끓여 익힌다.
- 채소를 넣는 타이밍을 엄수한다.

타임라인
- 0 — 마요네즈를 만든다
- 10 — 채소를 순서대로 익힌다
- 20 — 한 김 식힌다
- 25 — 소스와 버무린다
- 30 min — 완성!

조급해하지 말고 조금씩 더 넣으면서 분리되지 않도록 완전히 섞습니다.

1 마요네즈를 만든다. 달걀노른자 2개를 거품기로 하얗게 찰기가 생길 때까지 3~4분 섞는다. 여기에 올리브유와 식초, 레몬즙을 번갈아 조금씩 여러 번에 나눠 넣으면서 완전히 섞는다.

2 모든 채소를 사방 7~8mm 크기로 깍둑썰기한다.

거품이 올라올 때마다 제거해주면 알싸한 맛을 없앨 수 있어요.

3 냄비에 물, 월계수잎, 감자, 당근을 넣고 끓인다. 끓어오르면 양파를 넣고 5분 정도 삶은 후, 껍질콩을 넣고 3분 더 끓인다.

4 3의 채소를 체에 건져서 물기와 김을 뺀다. 시간을 단축하고 싶을 때는 흐르는 물에 담가두어도 OK.

5 완숙 달걀의 흰자와 노른자를 분리한 다음, 흰자는 사방 7~8mm로 깍둑썰기한다. 노른자는 성근 체에 내려서 파우더 상태로 만든다.

6 볼에 안초비, 케이퍼, 화이트와인식초, 4의 채소, 5의 삶은 달걀흰자, 1의 마요네즈를 넣고 한데 섞는다. 그릇에 보기 좋게 담고, 5의 달걀노른자 파우더를 뿌려서 완성한다.

셰프가 된 계기와 수련 시절

제 꿈은 경찰관이었지만 그 꿈은 이루지 못했습니다. 제 삶에 있어서 큰 좌절이었습니다. 하지만 꿈을 포기한 후에도 인생은 계속됩니다. 살아가기 위해서는 직업이 있어야만 했습니다. 저는 맨손으로 먹고 살아왔기 때문에 어릴 때부터 좋아했던 요리의 길을 걸어보는 것도 좋겠다고 생각했습니다.

그때 제가 신세를 지고 있던 분에게 소개받은 곳이 우연히 이탈리아 요리점이었습니다. 그러니까 처음 소개받은 곳이 라멘 가게였다면 지금은 라멘 가게 주인이 되었을지도 모릅니다. 인생이란 참 알 수 없는 것입니다.

저에게는 요리 스승님이 두 분 계십니다. 처음 들어간 가게에서는 요리의 기초를 배웠습니다. 다음 가게에서는 이탈리아 요리란 무엇인가를 철저하게 배웠습니다. 조리학교를 나온 것도 아닌, 미경험자로 일을 시작했기 때문에 요리의 기초부터 배웠습니다.

첫 스승님은 정말 따뜻한 분으로 일이 끝나면 함께 한잔하러 가기도 했지만 요리에 있어서는 정말 엄격하셨습니다. 지금도 기억나는 것은 파스타 파트에 서게 되었을 때 제가 만든 봉골레 비안코의 맛을 본 스승님이 아무 말 없이 그 요리를 쓰레기통에 버린 것입니다.

식재료를 낭비하지 말라고 철저하게 배워왔던 터라 그것은 정말 충격이었는데 무엇이 잘못됐는지는 알려주지 않으셨습니다. 와인 냄새가 지나쳤을 수도 있고 바지락을 너무 익혔는지도 모릅니다. 저는 얼마간 왜 그러셨을까 고민했습니다.

또 이런 말씀도 해주셨습니다. "달걀은 한 개에 20엔, 달걀프라이가 되면 100엔, 오믈렛이 되면 400엔. 이것이 요리인의 작업이다. 한 개에 20엔인 달걀의 몇 배를 받는 일이니까 기술을 잘 갈고 닦도록 해라."

또한 두 분의 스승님은 요리를 잘하기 위한 방법은 '반복'밖에 없다는 것도 가르쳐주셨습니다. 언젠가 제 동영상에 게스트로 모실 수 있다면 참 좋겠습니다.

방황하면서
나만의 이탈리아 요리를
모색해나갔던 수련 시절.

Chapter 3

메인 요리

Main

치킨소테

껍질은 바삭하고
속은 촉촉한 것이
이상적인 치킨소테.
먼저 닭껍질의 주름을
완전히 펴고 약불에서
천천히 구워주세요.

재료 (2인분)
- 닭다리살 ··············· 2개
- 올리브유 ··············· 15ml
- 소금 ··············· 적당량
- 흑후추 ··············· 적당량
- 영콘 ··············· 1개
- 채소 ··············· 취향껏

〈소스〉
- 홀그레인머스타드 ········ 10g
- 마요네즈 ············· 2작은술
- 꿀 ················· 1/2큰술

포인트
- 고기의 두께를 균일하게 만든다.
- 껍질 쪽부터 완전히 굽는다.
- 굽는 시간은 7(껍질) : 3(살코기)의 비율로 굽는다.

타임라인

0 ———————— 8 ———————— 13 min

- 0: 껍질이 있는 면을 굽는다
- 8: 뒤집어서 중불에서 굽는다
- 13: 완성!

안 좋은 냄새가 날 수 있으므로 여분의 껍질과 지방은 제거합니다.

1 큰 힘줄, 지방, 여분의 껍질을 제거하고 칼질로 고기의 두께를 균일하게 만든다. 고기의 두께를 균일하게 하면 일정하게 익는다.

30초 정도 위에서 힘을 주어서 껍질을 펼치며 익히세요.

2 닭고기 양면에 소금을 한 자밤씩 뿌린 다음, 올리브유를 충분히 달군 프라이팬에 껍질 부분이 닿게 넣고 집게 등으로 위에서 눌러서 균등하게 익힌다.

살과 껍질 사이에 있는 지방을 완전히 끌어냅니다.

3 5분 정도 구워서 껍질 면이 바삭해지면 약불로 줄이고 고기의 위치를 바꿔가며 천천히 굽는다.

4 굽는 동안 소스를 준비한다. 작은 그릇에 홀그레인 머스터드, 마요네즈, 꿀을 넣어 섞어준다.

7(껍질) : 3(살)의 비율로 구워주며 뚜껑은 덮지 않습니다.

5 껍질 면이 노릇노릇하게 되고 전체적으로 바삭하게 구워졌으면 반대로 뒤집어서 중불에서 5분 정도 굽고, 흑후추와 **4**를 뿌린다. 취향에 따라 채소를 곁들인다.

닭다리살 카차토레

카차토레(Cacciatore)는 초벌구이한 닭고기를
토마토소스에 졸인 이탈리아 요리입니다.
그대로 접시에 담으면 멋진 고기 요리가 되고
카차토레풍 스파게티소스로 파스타에 버무려 먹어도 맛있습니다.

재료 (2인분)
- 닭다리살 …………… 2개
- 토마토(캔) ………… 2캔
- 양파 ………………… 1개
- 만가닥버섯, 새송이, 잎새버섯
  ………… 총 200g 정도
- 마늘 ………………… 1쪽
- 블랙올리브 ………… 10개
- 올리브유 …………… 적당량
- 바질잎 ……………… 4장
- 월계수잎 …………… 1장
- 소금 ………………… 적당량

포인트
- 양파는 옅은 갈색이 될 때까지 볶는다.
- 껍질 부분을 바삭하게 굽는다.
- 데글레이즈로 프라이팬에 남은 맛을 놓치지 않는다.

타임라인
- 0: 마늘과 양파를 볶는다
- 10: 닭다리살을 굽는다
- 15: 버섯을 볶는다
- 20: 토마토를 넣고 푹 끓인다
- 40 min: 완성!

1 닭고기의 큰 힘줄, 지방, 여분의 껍질을 제거하고 칼질로 전체의 두께를 균일하게 했으면 사방 3cm로 깍둑썰기해준다.

옅은 갈색이 될 때까지 확실하게 볶아주세요.

2 냄비에 올리브유(50ml)와 다진 마늘을 넣고 중불에 올린다. 부글부글 끓어오르며 마늘 향이 나기 시작하면 잘게 썬 양파를 넣고 소금을 한 자밤 뿌려 볶는다.

닭다리살은 나중에 끓이기 때문에 양면이 노릇노릇해지는 정도면 OK.

3 올리브유를 두른 프라이팬을 강불에서 달군 다음, 닭다리살을 껍질 부분부터 4~5분 구워주고 양면이 노릇노릇해지면 **2**의 냄비에 넣는다.

볶은 후에 소량의 물을 넣어 프라이팬을 데워 눌어붙어 있는 맛즙을 녹여내는 데글레이즈를 합니다.

4 **3**의 프라이팬에 먹기 좋은 크기로 찢은 버섯을 넣고 가볍게 소금을 뿌려 볶은 후 **2**에 넣고, 프라이팬에 눌어붙은 맛즙을 물로 녹여서 다시 **2**에 넣는다.

5 **2**의 냄비에 토마토 캔을 넣고 한 번 강불에서 끓인다.

6 여기에 바질, 월계수잎, 블랙올리브, 소금(약 1작은술)을 넣고 약불~중불로 다시 20분 정도 끓인 후 소금으로 간한다.

밀라노스타일 커틀렛

부의 상징인 골드를 튀김옷 등으로
표현한 커틀렛. 오일에 버터를 섞어서
풍미 좋은 커틀렛이 되었습니다.

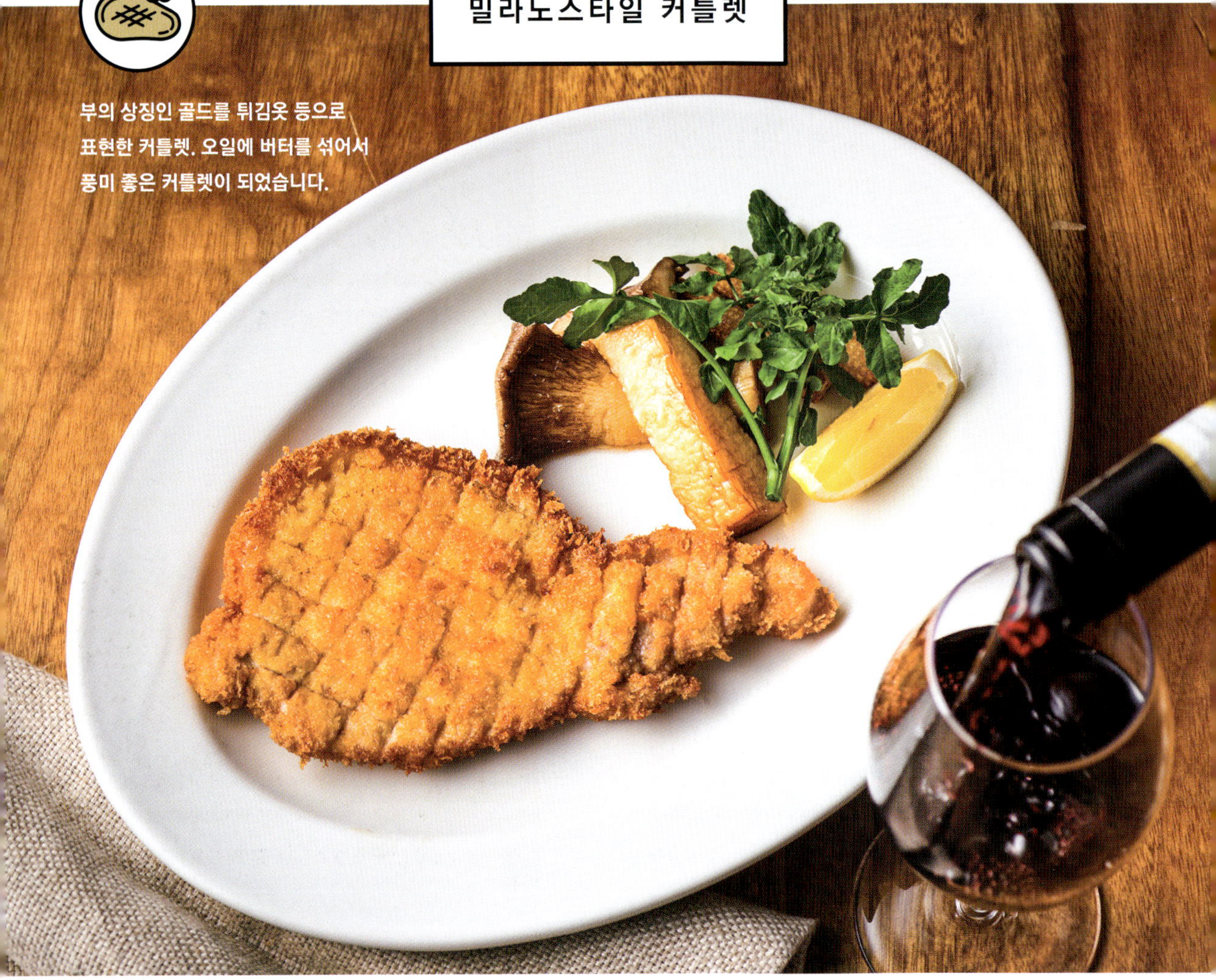

재료 (2인분)

- 돼지고기 등심 ···· 2장(200g)
- 달걀 ················· 1개
- 빵가루(입자 가는 것) ··· 적당량
- 새송이버섯 ········ 2개 분량
- 영콘 ··············· 2개 분량
- 파르메산치즈 ········ 적당량
- 레몬(1/8로 자른 것) ······ 2개
- 버터 ················· 20g
- 올리브유 ············· 적당량
- 크레송 ·············· 적당량
- 소금 ················ 적당량
- 흑후추 ·············· 적당량

포인트

- 고기의 힘줄과 섬유를 끊어둔다.
- 박력분 대신 치즈를 바른다.
- 고기에 격자무늬를 내서 기름이 잘 빠지도록 한다.

타임라인

- **0** : 밑준비
- **7** : 고기의 격자무늬가 있는 면을 튀기듯이 굽는다
- **11** : 반대쪽 면을 튀기듯이 굽는다
- **15 min** : 완성!

비계 부분은 칼집을 내둡니다.

1 고기망치(없으면 병에 랩을 감아서)로 고기를 두께 1cm로 얇게 두들겨서 펴고 고기 양면에 가볍게 소금과 후추를 뿌린다.

박력분 대신 치즈를 묻히면 맛이 UP!

2 고기 양면에 파르메산치즈를 골고루 묻히고, 볼에 달걀을 풀어둔다.

3 2의 돼지고기 등심에 달걀 → 빵가루 순으로 튀김옷을 입힌다

모양을 내면 기름이 잘 빠지고 균일하게 익습니다.

4 고기에 칼등을 이용해서 격자무늬로 모양을 낸다.

5 프라이팬에 버터와 올리브유를 넣고 160도까지 가열한다. 격자무늬를 낸 면을 아래로 해서 튀기듯이 굽는다.

6 노릇노릇해지면 뒤집어서 양면을 완전히 갈색이 될 때까지 튀긴다. 마무리로 파르메산치즈를 뿌리고, 자른 레몬과 크레송을 곁들이면 완성. 취향에 따라 볶은 버섯이나 채소를 곁들인다.

돼지고기 목살 피자이올라

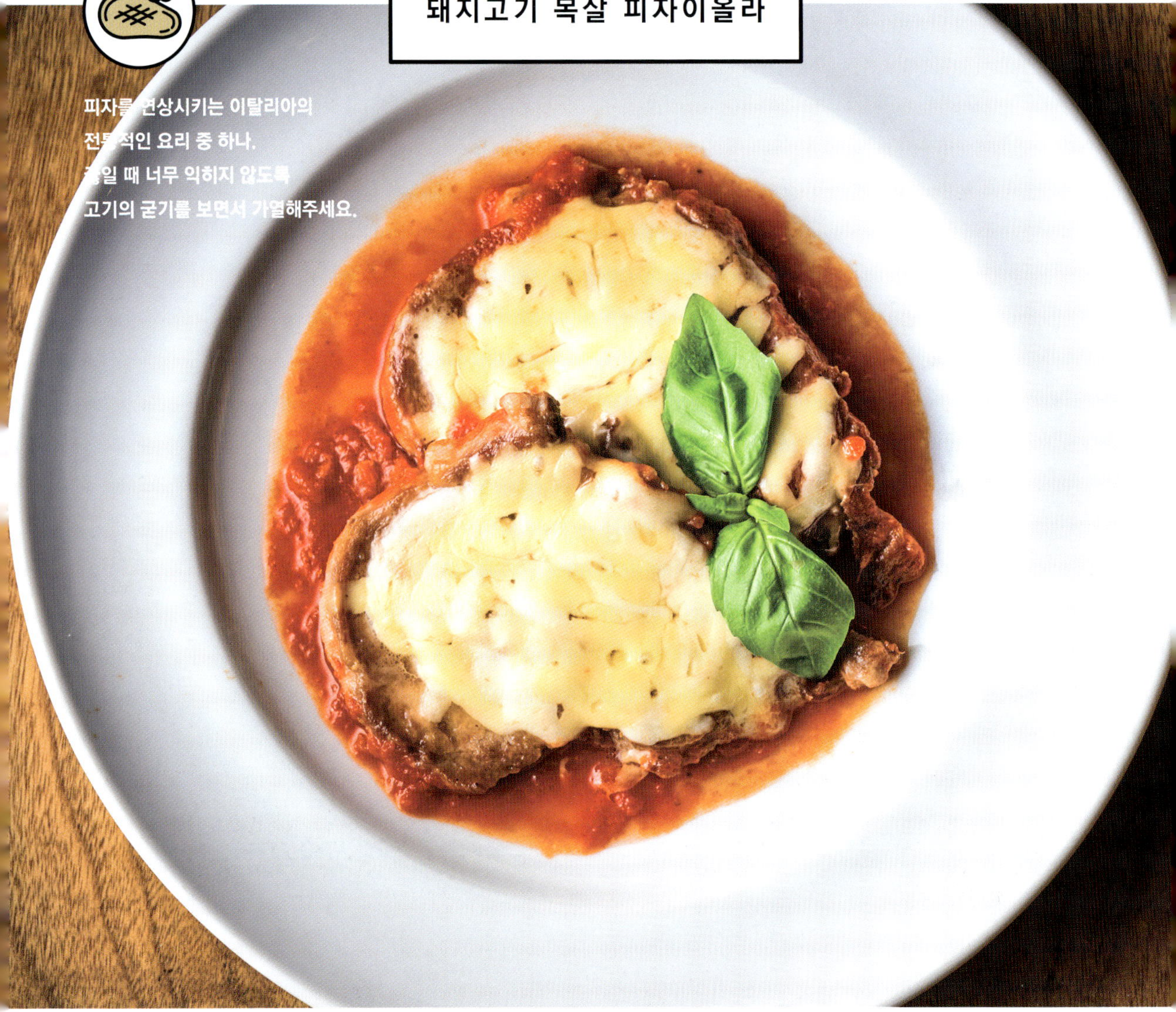

피자를 연상시키는 이탈리아의
전통적인 요리 중 하나.
구울 때 너무 익히지 않도록
고기의 굳기를 보면서 가열해주세요.

재료 (2인분)
- 돼지고기 목살 ········ 2장(200g)
- 토마토소스(P.16 참조) ······ 180g
- 슈레드치즈 ················ 적당량
- 오레가노 ················· 적당량
- 바질잎 ···················· 4장
- 올리브유 ················· 적당량
- 소금 ·········· 적당량

포인트
- 고기의 힘줄과 섬유를 끊어둔다.
- 처음 고기를 구울 때는 노릇노릇해질 때까지만 익힌다.
- 고기를 구운 기름에서는 잡내가 나므로 버린다.

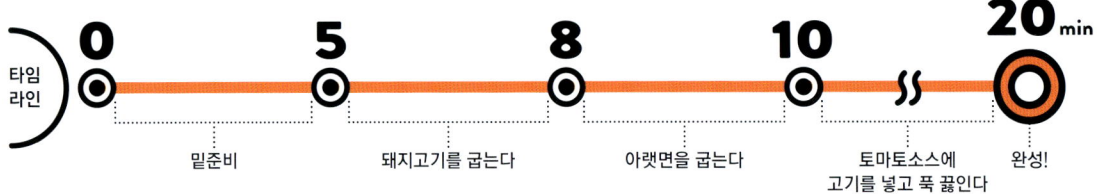

타임라인: 0 밑준비 / 5 돼지고기를 굽는다 / 8 아랫면을 굽는다 / 10 토마토소스에 고기를 넣고 푹 끓인다 / 20min 완성!

1 돼지고기 목살의 힘줄 부분에 칼집을 내서 섬유를 끊는다.

소금은 고기를 굽기 직전에 뿌리세요.

2 굽기 직전에 고기 양면에 한 자밤씩 소금을 뿌린다. 너무 일찍 뿌리면 육즙이 빠진다.

3 프라이팬에 올리브유를 넣고 중불에서 달군 다음, 고기 양면이 노릇노릇해질 때까지 익히고 불을 끈다. 고기를 구운 기름은 버린다.

토마토소스를 데우면 돼지고기와 소스가 잘 어우러집니다.

4 냄비에 토마토소스를 데운 다음, **3**의 고기, 오레가노를 넣고 약불에서 5~6분 푹 끓인다.

5 먹기 직전에 슈레드치즈를 돼지고기 위에 올리고 뚜껑을 닿아서 치즈를 녹인다. 치즈가 다 녹으면 접시에 보기 좋게 담고, 바질잎을 올린다.

흰살생선구이와 켓카소스

껍질 부분을 바삭하게 완성하는 요령은 불 조절에 있습니다.
천천히 타지 않게 구워서 껍질의 수분을 날리고
바삭하게 구웠습니다.

재료 (2인분)
- 흰살생선(도미, 농어 등) …… 2토막
- 토마토 ………………………… 1개
- 로즈마리 ……………………… 1줄기
- 바질잎 ………………………… 4장
- 올리브유 ……………………… 30ml
- 소금 …………………………… 적당량
- 흑후추 ………………………… 적당량
- 엑스트라버진 올리브유 ……… 적당량

포인트
- 올리브유를 조금씩 넣어가면서 소스를 유화시킨다.
- 생선이 구워지기 시작하면 위에서 누른다.
- 7(껍질) : 3(살)의 비율로 굽는다.

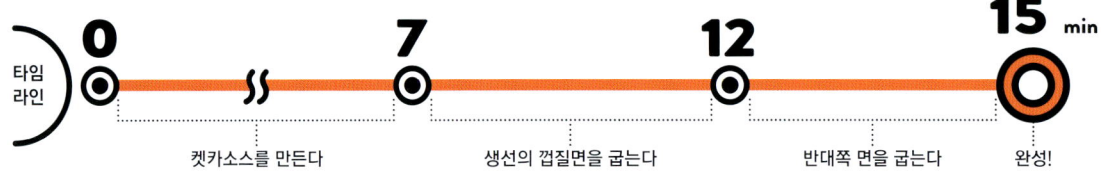

타임라인
- 0 : 켓카소스를 만든다
- 7 : 생선의 껍질면을 굽는다
- 12 : 반대쪽 면을 굽는다
- 15 min : 완성!

1 토마토에 십자로 칼집을 넣고 끓는 물에 20초 정도 담갔다가 바로 냉수에 넣어 껍질을 벗긴다. 씨를 제거한 다음 사방 1cm 크기로 깍둑썰기한다.

오일은 볼 가장자리를 따라서 조금씩 첨가하고 토마토의 수분과 어우러지게 합니다.

2 볼에 **1**, 찢은 바질, 소금을 넣고 올리브유를 조금씩 넣으며 젓가락으로 섞으면서 유화시켜 켓카소스를 만든다.

3 프라이팬에 올리브유를 넣어 달구고 로즈마리를 넣는다. 선명한 초록색이 되고 향이 나기 시작하면 로즈마리를 꺼낸다.

생선이 뒤로 젖혀지지 않게 되면 약불에서 천천히 구워냅니다.

4 소금으로 밑간한 생선을 **3**에 넣고 껍질 쪽부터 중불로 굽기 시작한다. 익으면서 뒤로 휘어지므로 집게 등으로 위에서 가볍게 눌러서 이를 방지한다.

7(껍질) : 3(살) 정도의 감각으로 구워주세요.

5 껍질 부분이 바삭하게 구워졌으면 뒤집어서 살 부분도 구운 다음, 접시에 보기 좋게 올린다. 마무리로 약간의 엑스트라버진 올리브유, 흑후추를 뿌리고, **2**를 곁들인다.

비프스테이크

겉은 고소하고 속은 육즙이 촉촉.
슈퍼에서 산 고기라도 어떻게 굽느냐에 따라
스테이크 전문점의 맛을 낼 수 있습니다.

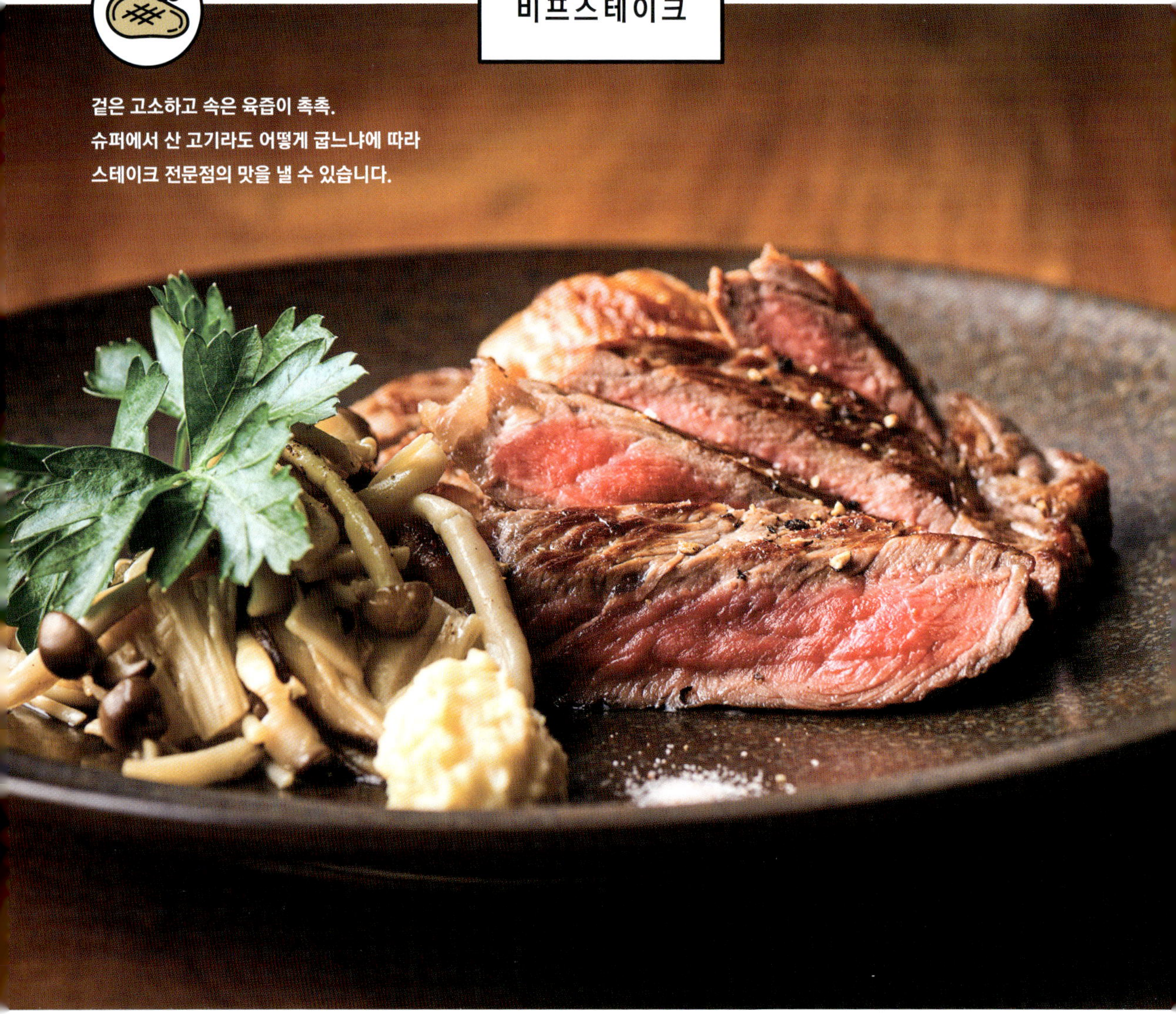

재료 (2인분)
- 소고기 등심 ············· 2장
- 소금 ···················· 적당량
- 흑후추 ·················· 적당량
- 올리브유 ················ 적당량
- 마늘 ···················· 1통
- 생크림 ·················· 20ml
- 버섯 ···················· 적당량
- 이탈리안파슬리 ········· 적당량

포인트
- 고기를 포크로 찔러서 힘줄과 섬유를 끊는다.
- 고기를 굽기 직전에 소금을 뿌린다.
- 고기를 휴지시키고 잔열로 익힌다.

※ 마늘을 오븐에 익힌 이후부터의 타임라인.

타임라인

- 0 밑준비
- 7 소고기를 굽는다
- 9 반대쪽 면을 굽는다
- 11 휴지시킨다
- 15 min 완성!

1 마늘소스를 만든다. 한 쪽씩 분리한 마늘을 알루미늄 포일로 감싸고 180도 오븐에서 40분 정도 익힌다.

2 오븐에서 **1**을 꺼내 마늘의 껍질을 벗기고 칼로 페이스트 상태가 될 때까지 두들긴 다음, 생크림과 섞고 소금(1/2작은술)으로 간한다.

3 소고기 등심을 포크 등으로 찔러 전체에 구멍을 내서 섬유를 끊는다. 특히 지방과 살코기의 경계면에 있는 흰 부분에는 칼로 확실하게 칼집을 넣어둔다.

4 프라이팬에 올리브유를 둘러 충분하게 달구고 굽기 직전에 소고기의 양면에 소금을 가볍게 뿌린다.

> 두께 2cm 정도의 소고기라면 표면이 노릇노릇해지면 고기 속도 다 익습니다.

5 양면을 2분씩 노릇하게 맛있어 보이는 갈색으로 굽는다.

> 고기를 불에서 내려서 휴지시키면 육즙의 유출을 막을 수 있어요.

6 접시나 밧드에 옮겨서 3~4분 휴지시킨다. 자른 고기를 접시에 보기 좋게 담아 소금, 흑후추로 맛을 정돈한다. 마늘소스와 함께 취향에 따라 볶은 버섯과 파슬리를 곁들인다.

Ropia의 유래와 세 분의 은인

앞의 칼럼에서도 언급했지만 경찰관 채용시험에서 떨어진 저는 다음 시험을 준비하기 위해서, 또 먹고 살기 위해서 여러 가지 일을 하게 되었습니다.

스무 살 때는 트랙터 운전을 했는데 주로 나고야에서 나가노까지 디저트를 운송하는 일이었습니다. 그때 제가 싣고 다니던 짐이 '로피아'라는 메이커의 과자였습니다.

전국으로 푸딩과 슈크림 등을 도매로 파는 큰 회사였는데 그 회사의 상품을 운송하는 일이 많아서 동료들이 저를 별명처럼 '로피아'라고 불렀습니다.

저 또한 '로피아'라는 단어의 울림이 마음에 들었습니다. 그래서 게임 실황 방송을 하려고 결심하고 유저명을 정할 때도 가장 처음 떠올랐습니다. 그러고 보니 저는 Ropia가 어느 나라 말인지도 모릅니다. 하지만 이 말이 무척 마음에 들고 또 다른 제 '얼굴'이라고 생각합니다.

제 요리 인생에 큰 영향을 주신 분으로 앞서 소개한 두 분의 스승님과 함께 또 한 분을 꼽고 싶습니다. 바로 일본 이탈리아 요리의 거장 〈아쿠아팟차〉의 히다카 요시미 셰프입니다. 10년도 더 지난 일이지만 셰프의 요리강습회에 참가한 적이 있습니다. 그때 제가 "이탈리아 요리점에서 일본풍 파스타를 제공하는 것에 대해 어떻게 생각하십니까?"라는 질문을 했습니다.

그러자 히다카 셰프는 "자기 나름대로 좋아하는 것이라면, 이탈리아 요리와 이탈리아의 문화를 배우고 그 토대 위에서 만든 창작 이탈리아 요리라면 만들 만한 가치가 있습니다."라고 힘이 되는 따뜻한 말씀을 해주셨습니다. 오랜 시간이 흘렀지만 그때 해주신 말씀을 가슴에 품고 이탈리아 요리의 길에 정진하고 있습니다.

올해 히다카 셰프와 매우 기쁜 재회를 하게 되었습니다. 제 유튜브 채널인 〈Chef Ropia〉에서 대담을 나눴고 게다가 나가노의 〈리스토란테 플로리아〉까지 오셔서 〈아쿠아팟차〉에서 인기 있는 다수의 요리를 전수해주셨습니다. 그 영상은 지금도 시청할 수 있으므로 보기 힘든 탑셰프의 조리 풍경을 꼭 보시기 바랍니다.

※ 콜라보 영상은 여기에서 보실 수 있습니다.

히다카 셰프가 해주신 말씀은 지금도 가슴속에 남아 있다.

Chapter 4

Single Dish

단품 요리

Single Dish

오무라이스

간단한 요리지만 심오한 맛의 오무라이스.
달걀을 프라이팬에 넣을 때의 농도와 휘젓는 방법에 따라
오므라이스의 완성도에 차이가 생깁니다.

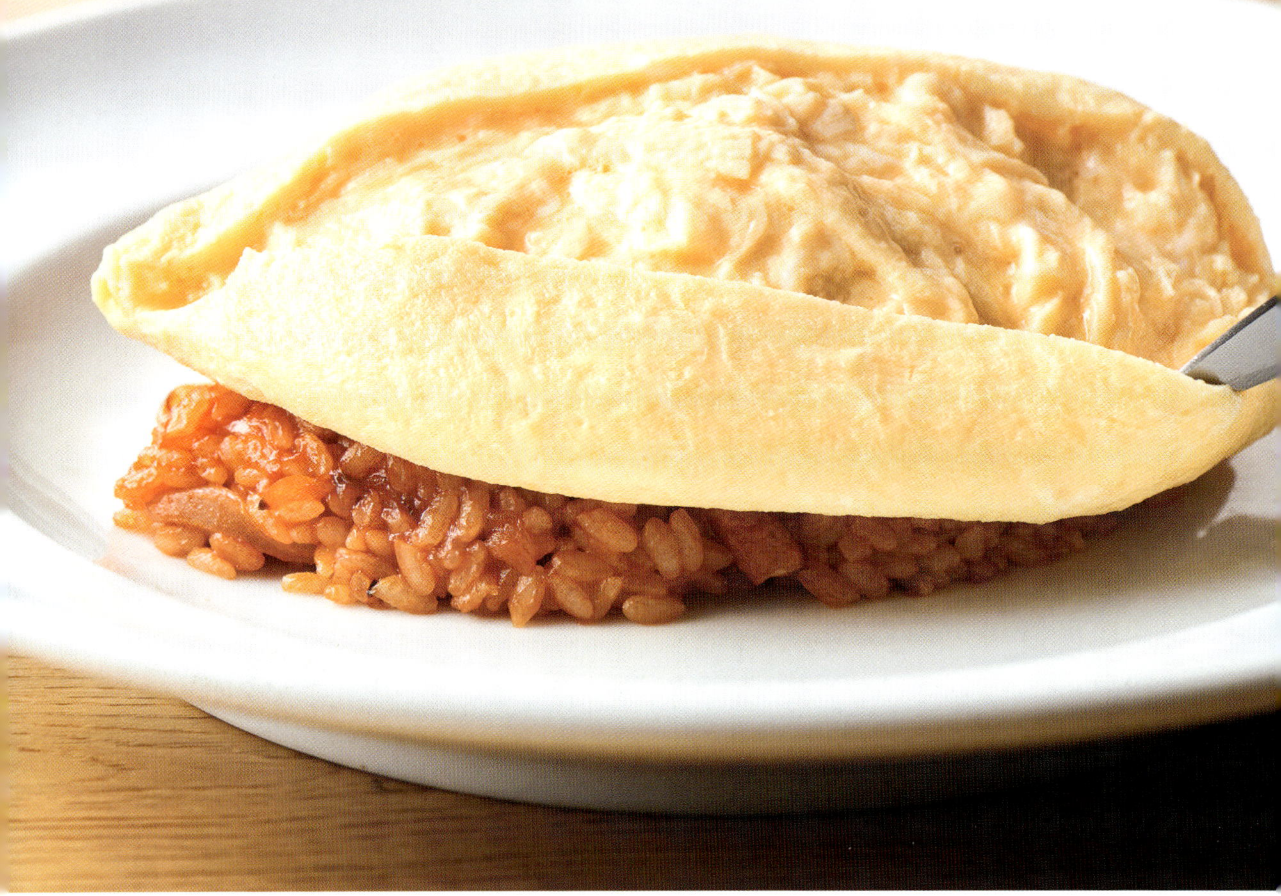

재료 (1인분)

〈케첩 볶음밥〉
- 밥 ·············· 150g(1공기)
- 양파 ············· 1/6개
- 베이컨 ············ 20g
- 케첩 ············ 2큰술 정도
- 올리브유 ·········· 15ml

〈오믈렛〉
- 달걀 ············· 3개
- 올리브유 ·········· 20ml

포인트
- 케첩의 산미를 날린다.
- 뜨거운 프라이팬에 달걀을 떨어뜨린다.
- 달걀을 휘저어가며 섞어서 공기를 넣으며 익힌다.

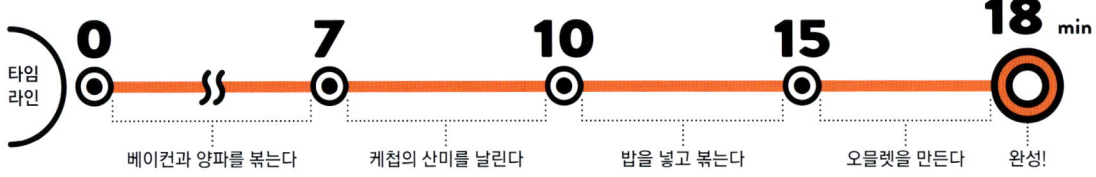

타임라인: 0 — 베이컨과 양파를 볶는다 / 7 — 케첩의 산미를 날린다 / 10 — 밥을 넣고 볶는다 / 15 — 오믈렛을 만든다 / 18 min — 완성!

양파는 씹는 맛이 있도록 슬라이스합니다.

1 케첩 볶음밥을 만든다. 프라이팬에 올리브유를 넣어 달구고 폭 1cm로 자른 베이컨을 볶는다. 노릇노릇 해지면 양파를 넣고 중불에서 천천히 볶는다.

케첩의 산미를 완전히 날려주세요.

2 양파의 단맛을 끌어낸 다음, 케첩을 넣고 끓여서 산미를 날린다. 밥을 넣은 후 국자로 가볍게 으깨듯이 3분 정도 볶아서 접시에 담는다.

젓가락으로 달걀 액을 프라이팬에 조금 떨어뜨려서 칙 하는 소리가 나면 OK.

3 새로운 프라이팬에 올리브유 20ml를 두르고 중불에서 가볍게 데운 후 풀어둔 달걀을 넣는다.

바깥쪽에서 안쪽으로 원을 그리면서 멈추지 않고 섞어줍니다.

4 프라이팬의 손잡이를 잡고 흔들면서 튀김용 젓가락으로 원을 그리듯이 재빨리 섞는다.

5 달걀의 가장자리가 굳기 시작하면 고무주걱으로 바꿔 쥔다. 프라이팬의 앞쪽을 높여서 달걀을 구석에 바싹 대고 각도를 유지하면서 팬을 탕탕 쳐서 팬의 벽과 각을 이용해 오믈렛의 모양을 잡는다.

6 고무주걱을 달걀 밑에 넣고 앞쪽으로 180도 뒤집어서 반대쪽 면을 굽는다. 10초 정도 익힌 다음, 케첩 볶음밥 위에 미끄러뜨려 올리면 완성.

Single Dish

이탈리아 볶음밥

베이스는 파스타 요리 중 알리오 올리오 페페론치노.
마늘 밥에 이탈리아 식재료를 더한 볶음밥은
언제나 간단하게 만들 수 있습니다.

재료(2인분)
- 밥 ············· 300g(2공기)
- 판체타(P.11 참조) ········· 40g
- 달걀 ················· 1개
- 양파 ················ 1/4개
- 건토마토 ··············· 3알
- 블랙올리브 ·············· 5알
- 바질잎 ················ 4장
- 페페론치노(홍고추) ········· 1개
- 마늘 ················· 2쪽
- 올리브유 ············· 적당량
- 소금 ·············· 한 자밤
- 흑후추 ·············· 적당량

포인트
- 볶은 달걀은 일단 꺼낸다.
- 마늘의 향을 차분히 끌어낸다.
- 리듬감 있게 마무리한다.

타임라인: 0분 달걀을 볶는다 / 3분 마늘과 고추를 볶는다 / 7분 판체타와 양파를 볶는다 / 9분 밥을 넣고 볶는다 / 12min 완성!

1 싹을 제거한 마늘과 양파는 잘게 썰고, 판체타는 사방 1cm로 깍둑썰기한다.

2 프라이팬에 올리브유를 넉넉하게 두르고 달걀을 폭신하게 볶은 다음 일단 꺼내둔다.

> 약불에서 천천히 마늘의 향을 끌어냅니다.

3 프라이팬에 올리브유(40㎖)와 마늘을 넣고 약불에서 천천히 마늘의 향을 끌어낸다. 반으로 자른 고추를 넣어 매운맛과 풍미가 오일에 배게 한다.

> 여기서부터는 빠른 템포로 재료를 넣고 리드미컬하게 완성합니다.

4 3에 판체타를 넣고 중불에서 볶은 다음, 양파를 넣고 양파가 투명해질 때까지 함께 볶아준다.

5 반으로 자른 건토마토, 블랙올리브를 넣고 다시 전체를 섞는다.

6 2의 달걀, 밥을 넣고 한데 볶은 다음, 마지막으로 소금과 흑후추로 간한다. 찢은 바질잎을 넣고 접시에 보기 좋게 담는다.

Single Dish

닭튀김

마법의 물에 담가 놀랄 만큼 부드러워진 고기로 누구나 좋아할 만한 맛있는 닭튀김 완성.

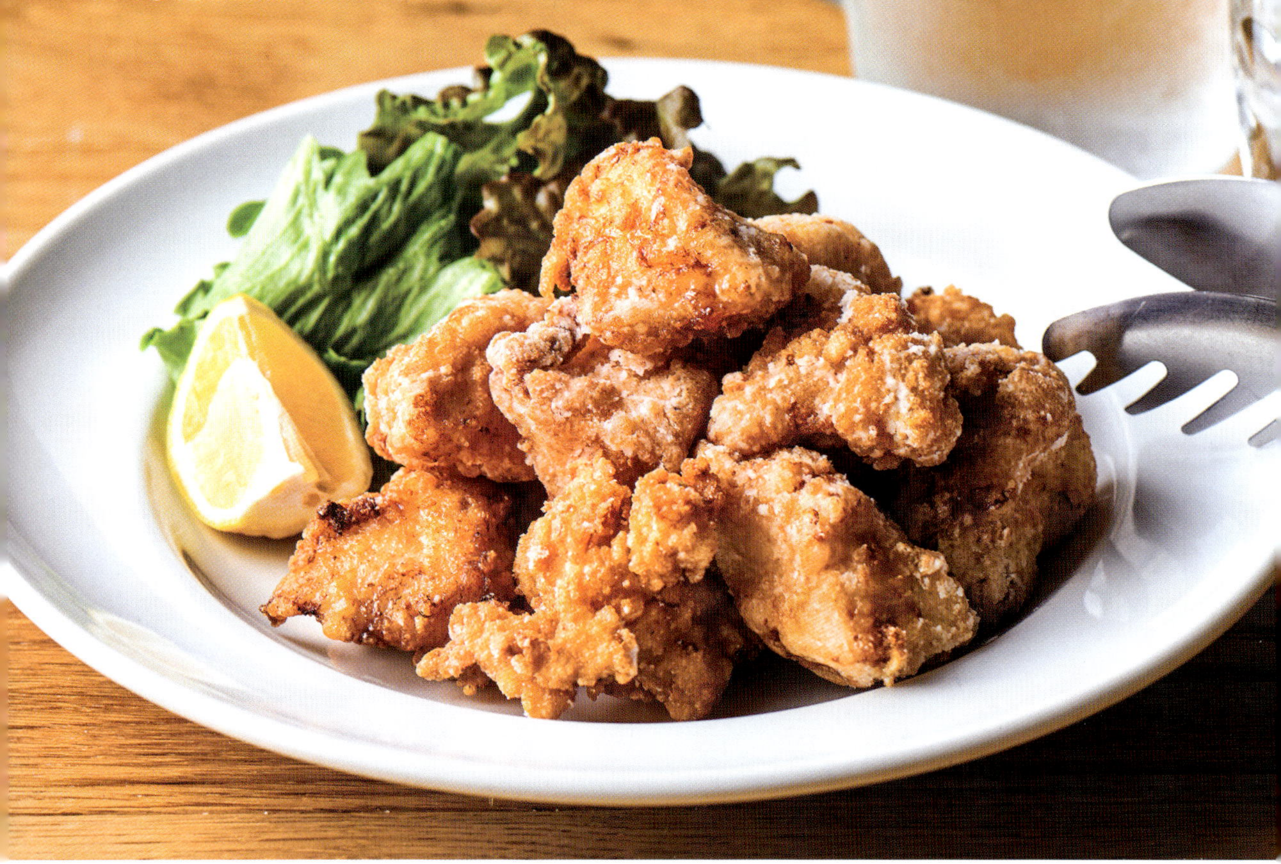

재료 (2인분)

- 닭가슴살 ………… 2개

〈브라인액〉
- 물 ……………… 200ml
- 소금 …………… 2작은술
- 설탕 …………… 1큰술
- 달걀 …………… 1개
- 전분(튀김옷) …… 적당량
- 레몬 …………… 적당량
- 채소 …………… 취향껏

〈조미액〉
- 요리술 ………… 1큰술
- 맛술 …………… 약 1큰술
- 간장 …………… 1과 1/2큰술
- 생강(간 것) …… 15g
- 마늘(간 것) …… 15g
- 소금 …………… 1과 1/2작은술
- 흑후추 ………… 적당량

포인트
- 마법의 물에 고기를 담가서 촉촉하게 만든다.
- 전분은 튀기기 직전에 묻힌다.
- 바삭하게 마무리하기 위해서 첫 번째는 160도, 두 번째는 180도에서 튀긴다.

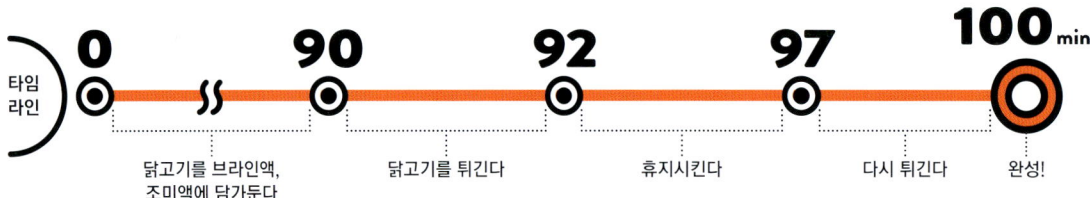

타임라인
- 0 — 닭고기를 브라인액, 조미액에 담가둔다
- 90 — 닭고기를 튀긴다
- 92 — 휴지시킨다
- 97 — 다시 튀긴다
- 100 min — 완성!

물에 비해 소금, 설탕이 각 5%를 넘지 않는 비율로!

1 닭가슴살을 먹기 좋은 크기 정도로 잘라서 소금과 설탕을 녹인 물(브라인액)에 1시간 이상 담가둔다.

2 조미액을 준비한다. 생강, 마늘은 간 다음, 모든 재료를 섞어서 조미액을 만든다. 물기를 뺀 **1**의 닭고기를 넣고 조미액에 30분 정도 재워둔다.

튀기기 직전에 가루를 묻혀야 서로 달라붙지 않습니다.

3 **2**의 고기를 달걀 푼 것에 담갔다가 꺼내서 전분을 바른다. 여분의 가루는 털어낸다.

4 160도로 준비한 기름에 2분 튀긴다.

고기 분량의 반씩 튀기면 적은 양의 기름으로 끝낼 수 있어요.

5 어렴풋하게 옅은 갈색이 되면 꺼내서 밧드에 올려놓고 5분 정도 둔다.

두 번 튀기면 겉은 바삭, 속은 촉촉하게 완성됩니다.

6 기름을 180도로 세팅한 다음 45초 튀긴다. 갈색이 되면 OK. 접시에 보기 좋게 담고, 레몬과 채소를 곁들인다.

Single Dish

치킨마요 파스타

술안주로 인기 있는 닭꼬치구이 통조림에 마요네즈와 간장을 추가해서 더욱 감칠맛 있게 완성한 인기 파스타. 프라이팬 하나로 조리하기 때문에 식재료의 맛을 하나도 놓치지 않습니다.

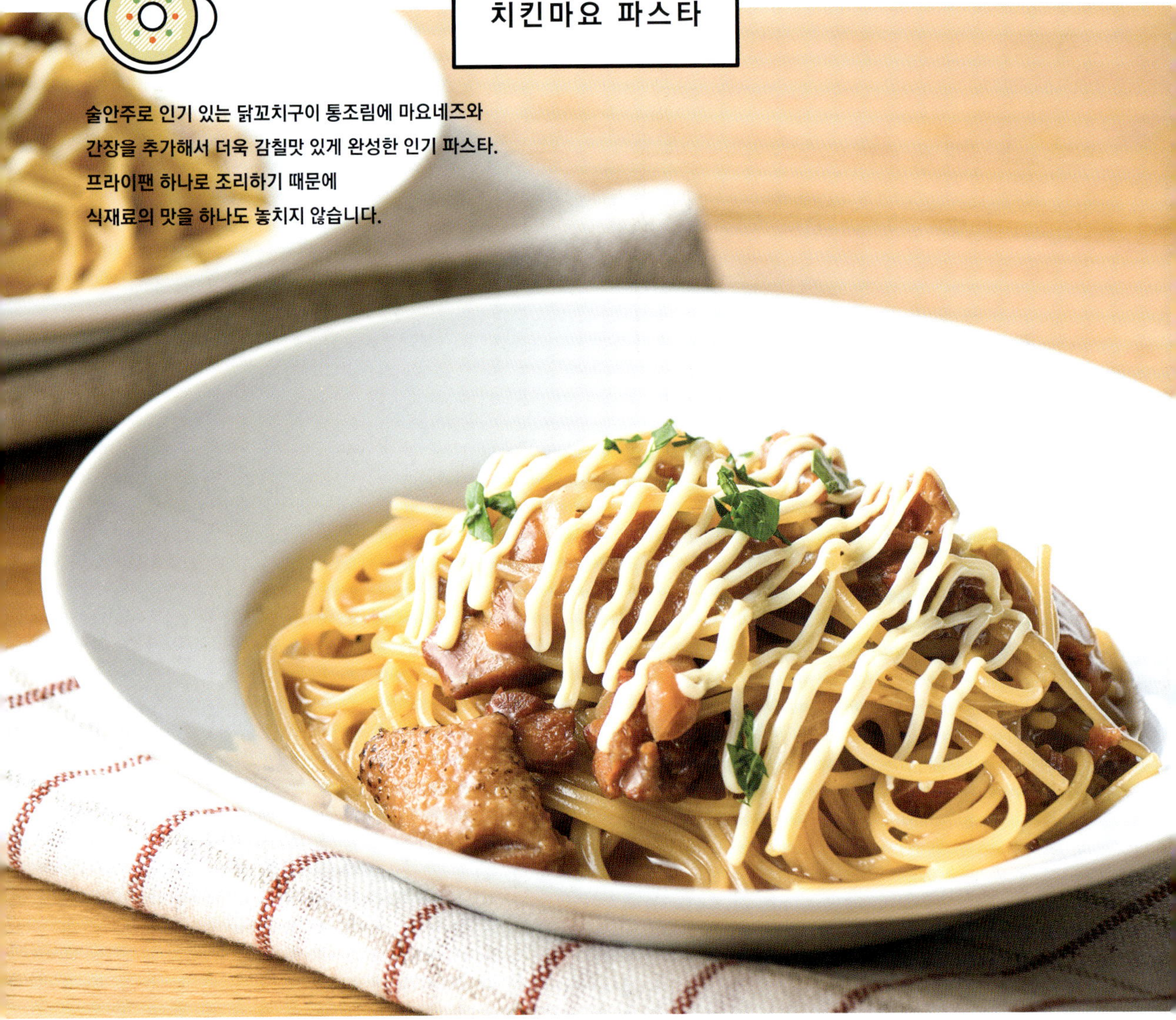

재료 (1인분)
- 스파게티 ·············· 80g
- 양파 ··············· 1/4개
- 마늘 ··············· 1쪽
- 닭꼬치구이(캔) ········ 1캔
- 물 ················ 250ml
- 간장 ··············· 1큰술
- 마요네즈 ············ 적당량
- 올리브유 ············ 적당량
- 이탈리안파슬리 ········ 적당량

포인트
- 양파의 씹히는 맛을 살린다.
- 캔의 감칠맛을 놓치지 않는다.
- 파스타에 맛이 배어들게 한다.

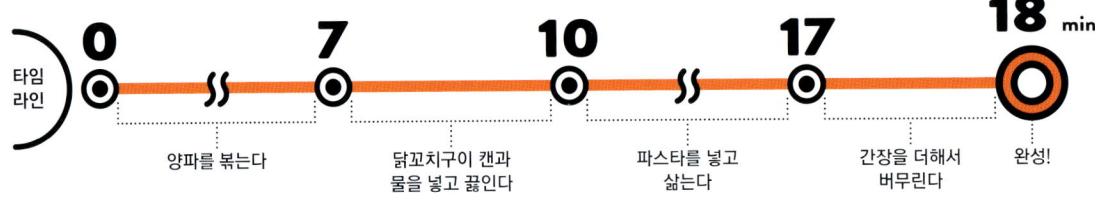

타임라인
- 0 양파를 볶는다
- 7 닭꼬치구이 캔과 물을 넣고 끓인다
- 10 파스타를 넣고 삶는다
- 17 간장을 더해서 버무린다
- 18 min 완성!

> 건더기가 적은 편이므로 양파는 식감을 느낄 수 있게 볶아줍니다.

> 빈 캔에 물을 한 번 담았다가 부어주면 캔에 남아 있던 양념까지 모두 이용할 수 있습니다.

1 프라이팬에 올리브유, 다진 마늘을 넣고 중불에 올린다. 부글부글 끓으면 두께 2mm로 슬라이스한 양파를 넣고 갈색이 될 때까지 볶는다.

2 1에 닭꼬치구이 캔, 물을 넣고 끓인다.

3 스파게티를 넣고 포장지에 표기된 시간대로 삶는다. 프라이팬에 들어가지 않으면 면을 반으로 잘라서 넣는다.

4 수분이 줄어들고 다 삶아졌으면 간장을 넣는다.

5 전체를 어우러지게 섞어서 그릇에 보기 좋게 담고, 마요네즈를 골고루 뿌린다. 그 위에 파슬리를 올려주면 완성.

Single Dish

햄버그스테이크

강불로 구워 양면이 갈색이 되었을 때
소량의 물을 넣고 뚜껑을 닫아
찜구이를 해주면
폭신한 햄버그스테이크를
완성할 수 있습니다.

재료 (2인분)

- 다진 고기(소고기+돼지고기) 500g
- 양파 1개
- 우지(소지방) 또는 버터 2조각
- 달걀 2개
- 우유 180ml
- 건조빵가루 50g
- 마늘 1쪽
- 올리브유 .... 적당량
- 소금 .... 적당량
- 흑후추 .... 적당량
- 넛맥 .... 적당량
- 채소 .... 취향껏

〈소스〉
- 레드와인 70ml
- 돈가스소스 1과 1/2큰술
- 케첩 1과 1/2큰술

포인트
- 우지로 감칠맛과 육즙을 낸다.
- 반죽의 한가운데를 움푹 들어가게 한다.
- 소스에 넣은 레드와인은 양이 1/3로 줄어들 때까지 졸인다.

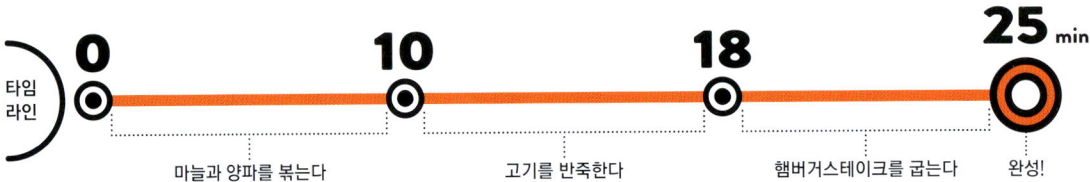

타임라인: 0 — 마늘과 양파를 볶는다 / 10 — 고기를 반죽한다 / 18 — 햄버그스테이크를 굽는다 / 25 min — 완성!

> 투명한 황색이 되면 불을 끄고 한 김 식혀주세요.

1 냄비에 올리브유, 다진 마늘을 넣고 중불에 올린다. 부글부글 끓어오르면 잘게 썬 양파, 우지 1조각을 넣고 소금을 한 자밤 뿌린 다음, 투명한 황색이 될 때까지 약불에서 천천히 볶는다.

2 볼에 건조빵가루, 달걀, 우유를 넣고 빵가루에 수분이 스며들었으면 한 김 식힌 **1**을 넣는다.

> 찰기가 생기면 쩍쩍 하는 소리가 납니다.

3 다른 볼에 다진 고기, 소금, 후추, 넛맥, 우지 1조각을 넣고 찰기가 생길 때까지 손으로 반죽한다. 찰기가 생기면 **2**의 내용물을 전부 넣고 전체를 다시 한데 섞는다.

> 반죽을 타원형으로 만든 다음, 중심 부분을 눌러 움푹 들어가게 하면 잘 익습니다.

4 충분히 달군 프라이팬에 올리브유를 얇게 두른 다음, **3**을 타원형으로 만들어 양면을 구운 후 소량의 물을 넣고 뚜껑을 덮어 찜구이한다.

5 대나무꼬치 등으로 찔러서 나온 국물이 투명하면 다 익은 것. 햄버거스테이크를 꺼낸다.

> 프라이팬에 눌어붙은 고기의 감칠맛을 놓치지 않고 와인의 맛을 응축시킵니다.

6 소스를 만든다. **5**의 프라이팬에 레드와인을 넣고 끓인다. 1/3 정도가 될 때까지 졸인다. 불을 끄고 돈가스소스, 케첩을 넣고 잔열로 전체를 어우러지게 한다. 접시에 담고, 소스와 채소를 곁들인다.

Single Dish

화이트소스 리조토 (요리·캡)

들어가는 재료가 많아서 언뜻 귀찮을 것 같지만
의외로 간단하게 만들 수 있고 실패할 걱정도 없습니다.
포만감이 있어 스텝들에게도 인기 메뉴랍니다.

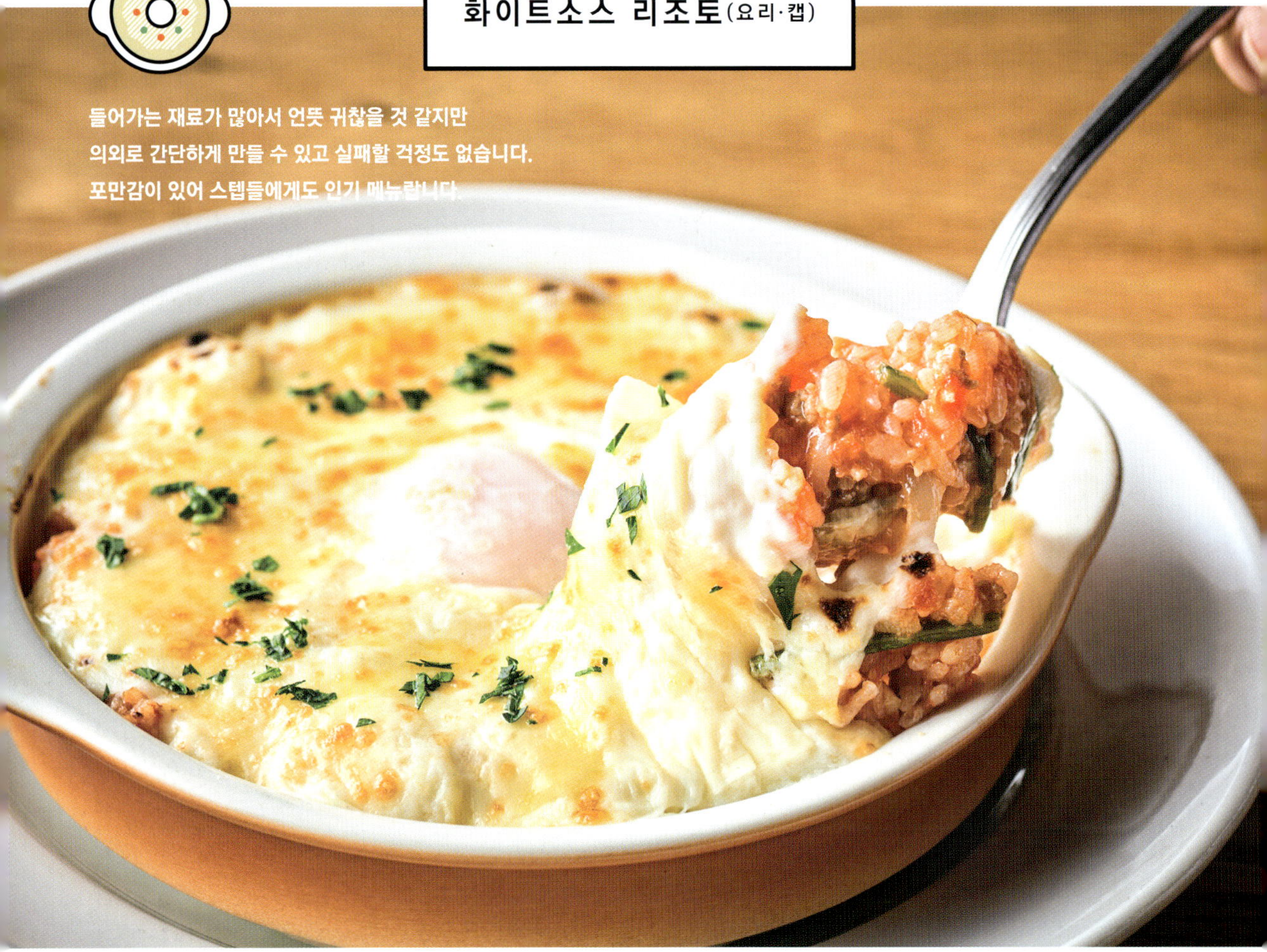

재료 (2인분)

〈리조토〉
- 밥 ······················ 180g
- 토마토소스(P.16 참조) ···· 100ml
- 우유 ···················· 40ml
- 물 ······················ 40ml
- 다진 돼지고기 ············ 50g
- 시금치 ·················· 30g
- 올리브유 ················ 25ml
- 마늘 ···················· 1쪽
- 소금 ···················· 적당량

〈화이트소스〉
- 양파 ···················· 40g
- 버터 ···················· 20g
- 우유 ···················· 200ml
- 박력분 ·············· 2와 1/2큰술
- 달걀 ···················· 1개
- 슈레드치즈 ·············· 적당량
- 치즈가루 ················ 적당량
- 이탈리안파슬리 ·········· 적당량
- 소금 ···················· 적당량

포인트
- 다진 고기를 완전히 볶는다.
- 화이트소스는 계속 섞어준다.
- 치즈가 완전히 노릇노릇해질 때까지 굽는다.

타임라인

- 0 — 다진 고기를 볶는다
- 10 — 토마토소스를 끓인다 / 밥을 넣고 데운다
- 12 — 화이트소스를 만든다
- 25 — 오븐에서 굽는다
- 30min — 완성!

다진 고기를 완전히 볶아주면 고소함이 UP!

1 프라이팬에 올리브유, 다진 마늘을 넣고 천천히 향을 끌어내듯이 약불에서 볶는다. 마늘 색이 바뀌기 시작하면 다진 고기를 넣고 강불에서 볶는다.

2 익었으면 토마토소스, 우유, 물, 길이 5cm로 자른 시금치를 넣고 한 번 끓인다.

찬밥도 괜찮습니다!

3 끓으면 바로 밥을 넣고 데운 다음, 소금으로 간한다.

계속 휘저어줍니다. 걸쭉해지면 OK.

4 화이트소스를 만든다. 다른 프라이팬에 양파와 버터를 넣고 부드러워질 때까지 볶고 소금을 가볍게 뿌린 다음, 박력분을 넣는다.

5 4에 우유를 넣고 걸쭉해질 때까지 어우러지게 하면서 데운다.

Cheese

6 내열접시에 3의 리조토, 5의 소스, 달걀을 깨서 올리고 슈레드치즈와 치즈가루를 뿌린 다음, 오븐토스터에서 5분 정도 굽는다. 약간 노릇노릇해졌으면 파슬리를 뿌려서 완성한다.

프렌치토스트

Single Dish

시간을 들여 달걀 액을 배어들게 하면 폭신하게 완성됩니다. 아주 약한 불에서 오랫동안 속까지 완전히 익히면 촉촉하게 구워집니다.

재료 (2인분)
- 바게트 ·············· 1/2개 분량
- 달걀 ·············· 3개
- 우유 ·············· 400ml
- 설탕 ·············· 50g
- 버터 ·············· 20g
- 바닐라오일 ·············· 적당량
- 민트 ·············· 적당량

〈휘핑크림〉
- 생크림 ·············· 100ml
- 설탕 ·············· 1큰술

포인트
- 바케트를 12시간 이상 달걀 액에 담가둔다.
- 아주 약불에서 익힌다.
- 계속 구워진 색깔을 체크한다.

※ 바게트를 달걀 액에 담근 후, 12시간 뒤부터의 타임라인.

타임라인
- 0 : 버터를 데운다
- 1 : 아주 약불에서 바게트를 굽는다
- 10 : 반대쪽 면을 굽는다
- 15 min : 완성!

1 볼에 달걀을 깨서 풀어준다. 우유, 설탕, 바닐라오일을 넣고 한데 섞어준다.

> 빵의 기포를 누르지 말고 달걀이 속까지 완전히 배어들게 합니다.

2 밧드에 **1**의 달걀 액을 넣고, 그 위에 두께 4~5cm로 자른 바게트를 올린 다음 랩을 씌워서 12시간 정도 담가둔다. 식빵을 사용할 때는 담가놓는 시간을 짧게 하면 된다.

3 프라이팬에 버터를 떨어뜨려서 반 정도 녹았을 때 **2**의 바게트를 굽기 시작한다.

4 아주 약불로 불 조절을 하면서 한 면당 7~8분씩 천천히 구워낸다.

> 단단한 바게트가 식감이 좋아요!

5 노릇노릇하게 먹음직한 색으로 구워질 때까지 몇 번이고 체크하면서 굽는다.

6 볼에 생크림과 설탕을 넣고 거품기로 뿔이 설 때까지 섞어서 **5**에 곁들이고, 민트를 올려 완성한다.

〈리스토란테 플로리아〉와 멤버들

가게를 오픈한 것은 2013년으로 당시 오너는 제 친척이었는데, 가게를 시작하면서 요리장을 맡아달라고 해서 일하게 되었습니다. 처음에는 집안사람들끼리 운영하려고 했지만 일손이 모자라서 직원을 채용하게 되었어요.

그때 지원한 사람이 325(사츠코) 씨였습니다. 당시 저는 일에 너무 열중해서 옷차림 같은 것에 신경쓸 여유가 없었기 때문에 그녀는 저를 그저 '아저씨'라고 생각했던 것 같습니다(웃음). 똑 부러지게 일하는 일꾼인 그녀 덕분에 정말 많은 도움을 받았습니다. 그리고 잘 먹고 잘 웃는 아이라고 생각했습니다. 지금은 가게에서나, 동영상에서나 저를 지지해주는 좋은 '아내'입니다.

오픈 후 2년이 지나면서 드디어 가게도 안정되었기 때문에 동영상 촬영을 시작했습니다. 영상을 촬영하는 것은 대부분 아내의 몫입니다. 참, '325(사츠코)'라는 이름의 유래를 설명해야겠네요. 정말 단순하지만 '촬영을 담당하는 아이'라는 의미를 담은 발음에서 지어졌어요(웃음). 325씨가 찍는 영상과 저의 만담 같은 대화가 평판이 좋았기 때문에 지금의 스타일로 정착되었습니다.

유도부 주장(Captain)이었던 '캡'의 팬도 많습니다. '직원 식사 시리즈'는 그에게서만 느낄 수 있는 분위기가 있습니다. 일에 대해서 지나치게 알려주는 것은 좋지 않다고 생각하기 때문에 저는 거의 말참견을 하지 않습니다. 아직 성장하는 중이지만 만약 '다른 가게에서도 배우고 싶다'고 한다면 막을 생각은 없습니다. 물론 쓸쓸하겠지만 본인이 성장할 수 있는 기회는 놓치지 않기를 바라는 마음입니다.

'마츠코' 씨는 얼굴이 예쁘기 때문에 조금 의외성이 있는 이름이면 좋겠다는 이야기 끝에 '사츠코'와 울림이 비슷한 '마츠코'가 되었습니다. 늘 저희와 손님들에게 힐링을 주는 중요한 멤버 중 한 사람입니다.

저희 네 사람이 친하게 노는 모습을 즐겁게 봐주시는 분도 많습니다. 올 한 해에도 구독자가 많이 늘었습니다. 일부러 나가노까지 찾아주는 분까지 계셔서 정말 기뻤습니다. 영상의 좋은 점은 어디에서든, 누구나 공유할 수 있다는 것이겠지요.
앞으로도 제가 정말 사랑하는 나가노에서 즐겁게 동영상을 만들고 공유할 수 있다면 행복할 것 같습니다.

4명이 다 모여야만 진정한
〈리스토란테 플로리아〉.

Chapter 5

Dolce

디저트

Dolce

티라미수 (요리·325)

케이크용 스펀지시트를 사용했지만
시판 비스킷으로 대용할 수 있습니다.
커피 액을 말차로, 파우더를 말차파우더로 바꾸면
말차 티라미수가 됩니다.

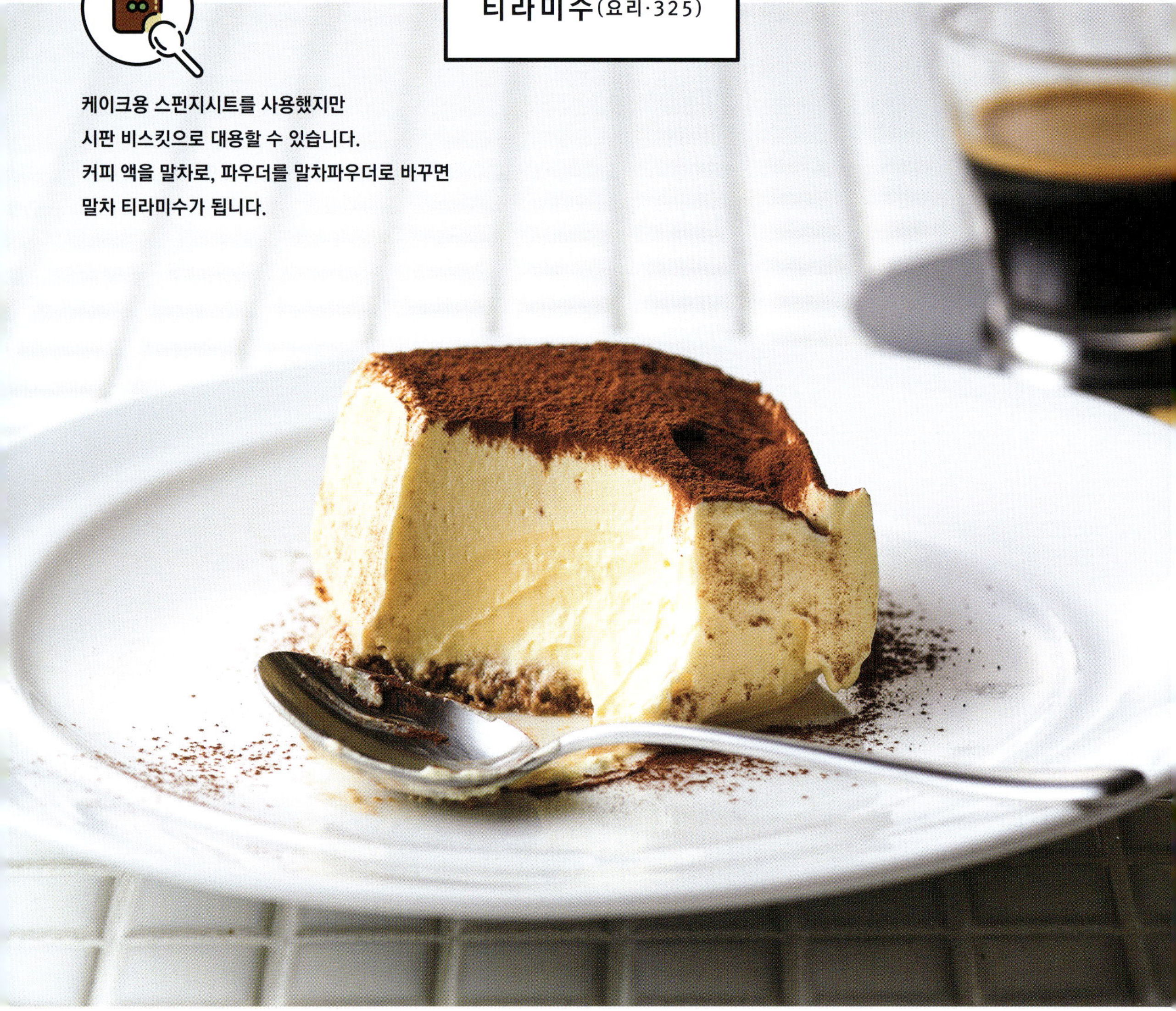

재료 (2인분)
- 케이크용 스펀지시트 ·············· 15cm(1개 분량)
- 커피 액 ·············· 100ml
- 달걀노른자 ·········· 2개 분량
- 그래뉴당 ············ 약 3큰술
- 마스카포네치즈 ········ 100g
- 생크림 ·········· 260ml
- 코코아파우더 ····· 적당량

포인트
- 먼저 생크림 거품을 올린다.
- 완성 전 충분한 시간 동안 차게 굳힌다.
- 먹기 직전에 파우더를 뿌린다.

타임라인

0	10	13	25	90min
생크림 거품을 올린다	그래뉴당과 달걀노른자를 섞는다	마스카포네치즈를 넣고 섞는다	틀에 담는다	냉장고에 차게 둔다 / 완성!

1 보관용기에 스펀지시트를 넣고 진한 커피 액을 배어 들게 하여 냉장고에 넣는다.

2 볼에 생크림을 넣고 거품기로 단단하게 거품을 올린다.

3 다른 볼에 달걀노른자와 그래뉴당을 넣고 하얗게 찰기가 생길 때까지 거품기로 3분 정도 섞는다.

> 10분 정도 섞어주는 것이 포인트!

4 **3**에 마스카포네치즈를 넣고 한데 섞은 후, **2**의 생크림을 넣고 뿔이 설 때까지 거품기로 완전히 섞는다.

> 시간을 두고 굳히면 맛이 어우러져서 더 맛있어집니다.

5 **1**에 **4**를 살짝 흘려 넣은 다음, 평평하게 정돈해서 냉장고에 넣고 1시간 이상 차게 둔다. 먹기 직전에 코코아파우더를 뿌리면 완성.

Dolce

견과류를 굽는 작은 수고를 더하면
훨씬 고소하고 맛이 좋아집니다.

비스코티 (요리 · 마츠코)

재료 (2인분)
- 달걀 ·························· 1개
- 올리브유(식용유도 가능) ······· 20ml
- 그래뉴당 ····················· 3큰술
- 박력분 ······················· 적당량
- 견과류 ······················· 30g
- 판초콜릿 ················· 1장(50g)

포인트
- 견과류는 굽는다.
- 반죽을 너무 섞지 않는다.
- 노릇노릇해질 때까지 굽는다.

타임라인

- 0 — 견과류를 굽는다 / 반죽을 만든다
- 15 — 반죽을 굽는다
- 35 — 한 김 식으면 자른다
- 40 — 다시 굽는다
- 65 min — 완성!

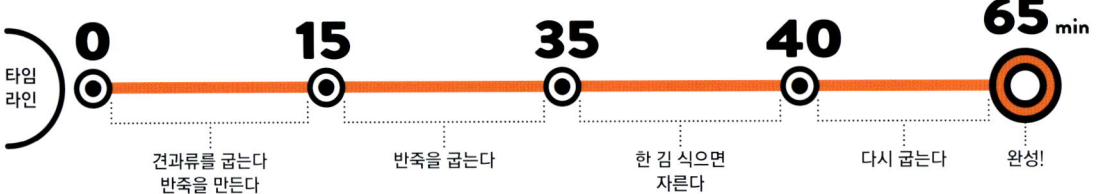

1 오븐을 180도로 예열해둔다. 예열하는 동안 견과류도 오븐에 넣고 10분 정도 구운 다음 꺼낸다. 꺼낸 견과류를 칼로 두드리거나 지퍼백에 넣어서 밀대 등으로 두드려서 부순다.

2 볼에 달걀, 올리브유, 그래뉴당을 넣고 거품기로 까슬까슬함이 없어질 때까지 잘 섞는다.

> 날가루가 남아 있어도 OK. 너무 섞으면 공기가 빠져서 반죽이 단단해집니다.

3 2에 박력분(1컵)을 체에 쳐서 넣고 고무주걱 등으로 자르듯이 섞는다. 가루기가 약간 남아 있는 정도에서 1의 견과류와 칼로 잘게 자른 초콜릿을 넣고 가볍게 섞는다.

4 오븐시트 위에 박력분을 얇게 뿌린 다음, 반죽을 올린다. 높이 1.5cm의 해삼 모양의 직사각형으로 만들어준다.

5 180도에서 15~20분 구워서 노릇노릇해졌으면 오븐에서 꺼내서 한 김 식힌다.

> 먹음직스러운 갈색을 기준으로 굽는 시간을 조절하세요.

6 폭 1cm로 잘라 단면이 위를 보게 놓고 온도를 150도로 내린 오븐에서 25분간 굽는다. 예쁜 갈색이 되었으면 완성.

Dolce

세미프레도 (요리·325)

세미프레도(Semifreddo)는 '반쯤 차가운'이라는 뜻의 이탈리아어로,
이탈리아 전통의 아이스크림 케이크입니다.
생크림과 머랭을 만드는 것이 힘들지만 맛은 보증수표입니다.

재료 (2인분)
- 완숙바나나(대) …… 1~2개(150g)
- 그래뉴당(과정1) ……… 4큰술
- 레몬즙 …………… 1/2작은술
- 생크림 ………………… 80g
- 그래뉴당(과정2) …… 2작은술
- 달걀흰자 …………… 1개 분량
- 그래뉴당(과정3) …… 3큰술
- 시럽 ………………… 적당량
- 견과류 ……………… 적당량

포인트
- 그래뉴당을 조금씩 넣는다.
- 머랭과 생크림은 너무 섞지 않는다.
- 냉동실에서 완전히 식힌다.

타임라인
- 0: 바나나를 퓌레 상태로 만든다
- 5: 생크림 거품을 올린다
- 15: 머랭을 만든다
- 25: 틀에 흘려 넣고 냉장고에서 굳힌다
- 150 min: 완성!

푸드프로세서 등을 사용하면 매끄럽게 완성됩니다.

1 볼에 바나나와 그래뉴당을 넣고 포크로 으깨서 퓌레 상태로 만든다. 레몬즙을 넣어 변색을 막는다.

2 다른 볼에 생크림과 그래뉴당을 넣고 볼 전체를 얼음물로 차게 하면서 80% 정도까지 휘핑한다(케이크 데코용 생크림보다 살짝 부드러운 느낌).

그래뉴당을 소량씩 넣어서 공기를 듬뿍 머금게 합니다.

3 다른 볼에 달걀흰자를 넣고 빠른 속도로 거품을 낸다. 거품이 하얗게 올라와 단단해지면 그래뉴당을 세 번에 나눠 넣으면서 머랭을 만든다.

거품이 사라지므로 너무 섞지 마세요.

4 **1**에 **2**의 생크림을 넣고 고무주걱으로 섞어준다. 여기에 **3**의 머랭을 넣어 대충 섞어준다.

5 랩을 깐 틀에 **4**를 흘려 넣고 냉동실에서 2~3시간 식혀서 굳힌다. 적당한 크기로 잘라 접시에 담고, 시럽을 뿌리고 견과류를 곁들인다.

Epilogue

마치며

저의 첫 레시피북, 미흡한 점이 많았을 텐데도 끝까지 읽어주셔서 정말 감사합니다.

요즘은 무엇으로든 쉽게 배를 채울 수 있지만 '먹는다'라는 것은 배를 가득 채우기 위한 것만이 아니라 '즐기는' 것도 중요하다고 생각합니다. 요리를 만들고 맛있게 먹는 것은 내일을 위한 활력으로 이어진다고 저는 믿고 있습니다.

그리고 요리에 있어서 가장 중요한 것. 그것은 '애정'입니다. 과거의 저는 '아무리 애정이 있어도 맛에 변화는 없어!'라고 생각했지만 어느 사이 제가 틀렸다는 것을 깨달았습니다. 애정을 갖고 만들면 '불 조절은 괜찮은가?', '간은 적당한가?' 등의 요리에 있어서 수치화하기 어려운 것까지 눈길이 미치기 때문입니다.

그렇지만 이 책에는 포인트만 파악하면 대충 만들어도 맛있게 완성될 만한 간단하게 만들 수 있고 만족할 수 있는 레시피로 꽉 채웠습니다. 일단 '맛있게 만들자!'라는 애정을 갖고 이탈리아 요리 만들기를 즐겨주신다면 셰프로서 그것만큼 행복한 것은 없습니다.

이 책을 읽어주셔서 다시 한 번 감사합니다.

Chef Ropia GOKUJO NO OUCHI ITALIAN by Akifumi Kobayashi
Copyright © Chef Ropia, 2020
All rights reserved.
Original Japanese edition published by WANI BOOKS CO., LTD

Korean translation copyright © 2020 by WILLCOMPANY
This Korean edition published by arrangement with WANI BOOKS CO., LTD, Tokyo,
through HonnoKizuna, Inc., Tokyo, and EntersKorea Co., Ltd.

이 책의 한국어판 저작권은 (주)엔터스코리아를 통해 저작권자와 독점 계약한 윌컴퍼니가 소유합니다.
저작권법에 의하여 한국 내에서 보호를 받는 저작물이므로 무단전재와 무단복제를 금합니다.

집에서 만드는 최고의
이탈리아 요리

펴낸날 | 2021년 1월 5일 (1쇄)
　　　　2022년 11월 15일 (2쇄)
지은이 | 고바야시 아키후미
옮긴이 | 김수정
책임편집 | 이미선
펴낸곳 | 윌스타일
출판등록 | 제2019-000052호
전화 | 02-725-9597
팩스 | 02-725-0312
이메일 | willcompanybook@naver.com
ISBN | 979-11-85676-64-7　　13590

* 잘못된 책은 구입하신 곳에서 바꿔드립니다.